biography series

इंद्रमुक्त जीवन चरित्र

हेलेन केलर

Life Beyond Limitations

A Happy Thoughts Initiative

इंद्रमुक्त जीवन चरित्र

हेलेन केलर

By Wow Publishings Pvt. Ltd.

प्रथम आवृत्ति : जुलाई 2026

प्रकाशक : वॉव पब्लिशिंग्ज् प्रा. लि., पुणे

प्रिंटर : ट्रिनिटी अकादमी, फॉर कॉर्पोरेट ट्रेनिंग लि., पुणे

ISBN : 978-81-69572-16-3

Indramukt Jeevan Charitra

Helen Keller

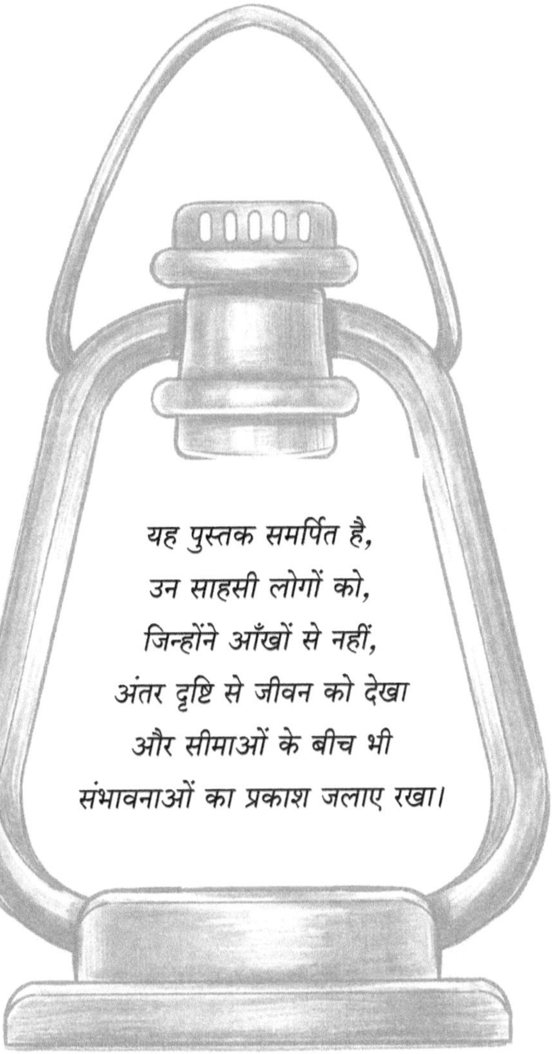

यह पुस्तक समर्पित है,
उन साहसी लोगों को,
जिन्होंने आँखों से नहीं,
अंतर दृष्टि से जीवन को देखा
और सीमाओं के बीच भी
संभावनाओं का प्रकाश जलाए रखा।

विषय सूची

प्रथम निवेदन

अपने तारों को छू लें

कुछ जीवन केवल जीए नहीं जाते, वे एक दीपक की तरह जलते हैं और अपनी रोशनी से अनगिनत लोगों की राहों को प्रकाशित कर जाते हैं। वे हमें यह विश्वास दिलाते हैं कि मनुष्य की शक्ति उसकी परिस्थितियों से नहीं, उसके साहस, उसकी दृष्टि और उसके अंदर जीवित आशा से पहचानी जाती है। हेलेन केलर का जीवन ऐसा ही एक उज्ज्वल दीप है।

एक छोटी बालिका, जो देखने और सुनने की क्षमता खो देती है, पहली दृष्टि में यह ऐसी कहानी प्रतीत होती है, जहाँ अंधकार ही अंधकार है। लगता है मानो जीवन ने उसके सामने अपने सभी द्वार बंद कर दिए हों। परंतु यहीं से एक ऐसी यात्रा आरम्भ होती है, जो हमें सिखाती है कि अंधकार हमेशा प्रकाश का अभाव नहीं होता; कई बार वह उस प्रकाश की खोज का प्रारम्भ होता है, जिसे मनुष्य अपने भीतर लिए चलता है।

यही कारण है कि हेलेन के जीवन को 'इंद्रियमुक्त जीवन चरित्र' कहा गया है। आमतौर पर हम मानते हैं कि संसार को जानने के लिए आँख-कान-जुबान जैसी ज्ञानेंद्रियों का होना बहुत ज़रूरी है। परंतु हेलेन ने इस धारणा को पूरी तरह से बदल दिया। उन्होंने भौतिक सीमाओं से पार जाकर अपनी आंतरिक चेतना से जीवन को छुआ। संसार को आँखों से नहीं, अहसासों की दृष्टि से देखा, ध्वनियों को कानों से नहीं, संवेदनाओं से सुना। उनका जीवन अभाव की कहानी नहीं बल्कि इंद्रियों के पार मनुष्य की असीम क्षमता का जीवंत प्रमाण है।

इस पुस्तक का उद्देश्य केवल हेलेन की जीवनी के बारे में जानकारी देना नहीं है। इसका उद्देश्य पाठक को स्वयं से मिलने के लिए प्रेरित करना है क्योंकि हेलेन की

कहानी पढ़ते-पढ़ते हम समझने लगते हैं कि हर मनुष्य के जीवन में ऐसे मोड़ आते हैं, जहाँ रास्ते धुँधले पड़ जाते हैं, विश्वास डगमगाने लगता है और अपनी संभावनाएँ सीमित दिखाई देने लगती हैं। परंतु जीवन यहीं समाप्त नहीं होता।

इस पुस्तक की यात्रा भी इसी समझ को ध्यान में रखकर रची गई है। इसके प्रथम खंड में हम हेलेन के संसार को आपकी दृष्टि से देखने का प्रयास करेंगे। हम एक ऐसी बालिका के मन में उतरेंगे, जिसने अभावों के बीच भी जीवन को स्वीकारना और आगे बढ़ना सीखा।

दूसरे खंड में यह यात्रा ऐनी सुलिवन (टीचर) की दृष्टि से आगे बढ़ेगी क्योंकि कुछ लोग स्वयं राह बनकर, दूसरों को चलना सिखाते हैं।

तीसरे खंड में हम हेलेन के अनुभवों से उपजे उन विचारों के साथ चलेंगे, जो केवल उनके समय के लिए नहीं, आज भी प्रत्येक मनुष्य के जीवन को दिशा देने की क्षमता रखते हैं।

इस प्रकार यह पुस्तक केवल हेलेन केलर की जीवनी नहीं बल्कि दृष्टि, संबंध और आत्मबोध की एक क्रमिक यात्रा है; जीवन की घटनाओं से जीवन-दृष्टि तक की।

यदि इस पुस्तक की यात्रा के अंत में आपके मन में यह विश्वास जाग उठे कि आपकी सीमाएँ अंतिम नहीं हैं और आपमें अभी भी सीखने, बदलने, आगे बढ़ने की अनंत क्षमता जीवित है तो समझिए यह पुस्तक अपना उद्देश्य पा चुकी है। क्योंकि हम सभी के जीवन के आकाश में कुछ तारे अभी खोजे जाने बाकी हैं।

तो आइए, एक ऐसे जीवन में प्रवेश करें, जिसने हमें सिखाया कि मनुष्य आँखों से नहीं, अंतर दृष्टि से देखता है; परिस्थितियों से नहीं, साहस से, अंधकार में भी आगे बढ़ता है। जब आशा जीवित रहती है तब सबसे गहरा अंधकार भी मनुष्य को उसके अपने तारों तक पहुँचने से नहीं रोक सकता।

...हैपी थॉट्स

खण्ड 1

हेलेन का बचपन और प्रारंभिक जीवन संघर्ष

01

हेलेन केलर की पारिवारिक पृष्ठभूमि

'महान व्यक्तित्व अचानक नहीं बनते;
वे प्रेम, अनुशासन और संस्कारों की मिट्टी में पनपते हैं।'

२७ जून १८८० को अमेरिका के अलबामा राज्य के टस्कम्बिया नगर में हेलेन केलर ऐसे परिवार में जन्मीं, जहाँ परंपरा और प्रतिष्ठा के साथ-साथ संस्कारों की गहरी जड़ें थीं। टस्कम्बिया उस समय एक शांत और सांस्कृतिक रूप से पारंपरिक नगर था। दक्षिणी अमेरिका का समाज अपनी विशिष्ट रीति-रिवाजों, पारिवारिक मान्यताओं और सामाजिक मर्यादाओं के लिए जाना जाता था। ऐसे वातावरण में जन्म लेनेवाली बालिका के व्यक्तित्व पर घर और समाज-दोनों का प्रभाव स्वाभाविक रूप से पड़ना था।

केलर परिवार मध्यमवर्गीय होते हुए भी सम्मानित माना जाता था। परिवार की पहचान केवल आर्थिक स्थिति से नहीं बल्कि उसके आचरण, शालीनता और सामाजिक सहभागिता से होती थी। घर में अतिथियों का आदर किया जाता, संवाद में मर्यादा रखी जाती और बच्चों को बचपन से ही शिष्टाचार सिखाया जाता था। इस प्रकार अनुशासन घर का स्वाभाविक अंग था।

हेलेन के पिता आर्थर हेनली केलर पूर्व सैनिक थे। सेना में सेवा देने के कारण उनके स्वभाव में दृढ़ता, स्पष्टता और अनुशासन की गहरी छाप थी। बाद में वे स्थानीय समाचार-पत्र से जुड़े, जिससे उनके व्यक्तित्व में विचारशीलता और सामाजिक जागरूकता भी आई। वे गंभीर और कम बोलनेवाले व्यक्ति थे पर परिवार

की सुरक्षा और प्रतिष्ठा के प्रति सजग रहते थे। उनके लिए जीवन नियमों के आधार पर चलता था- समय का पालन, कर्तव्य की प्राथमिकता और परिवार की गरिमा की रक्षा।

उनका स्वभाव कठोर प्रतीत होता था पर उनमें उत्तरदायित्व की भावना प्रबल थी। वे चाहते थे कि उनके बच्चे समाज में सम्मानित स्थान प्राप्त करें और अपने आचरण से परिवार का नाम उज्ज्वल रखें। उनके व्यक्तित्व ने घर को स्थिरता और संरचना प्रदान की थी।

इसके विपरीत, हेलेन की माता केट एडम्स केलर कोमल, शिक्षित और संवेदनशील स्वभाव की महिला थीं। उन्हें साहित्य, पठन-पाठन और सांस्कृतिक विषयों में रुचि थी। वे केवल गृहस्थी चलानेवाली ही नहीं बल्कि विचारशील और जिज्ञासु प्रवृत्ति की महिला थीं। बच्चों के मनोभावों को समझना, उनके छोटे-छोटे प्रश्नों के उत्तर देना और उनके साथ समय बिताना- ये सब उनके स्वभाव का हिस्सा था।

यदि पिता घर की रीढ़ थे तो माता उस घर की आत्मा थीं। वे स्नेह और धैर्य से वातावरण को संतुलित रखती थीं। कठिन परिस्थितियों में भी उनका व्यवहार संयमित रहता। उनकी करुणा और सहानुभूति ने घर को केवल अनुशासन का स्थान नहीं रहने दिया बल्कि उसे भावनात्मक आश्रय बना दिया।

परिवार में हेलेन के दो बड़े सौतेले भाई भी थे- जेम्स मैकडोनाल्ड केलर और विलियम सिम्पसन केलर। वे उनके पिता की पहली पत्नी से थे। बाल्यावस्था में हेलेन के जीवन में उनकी सीधी भूमिका सीमित रही, फिर भी उनकी उपस्थिति से परिवार का ढाँचा विस्तृत और संयुक्त था। बड़े भाई होने के कारण घर में एक अलग प्रकार का अनुक्रम और व्यवस्था बनी रहती थी।

घर में शिक्षा को विशेष महत्त्व दिया जाता था। पुस्तकें केवल सजावट का साधन नहीं बल्कि ज्ञान का स्रोत मानी जाती थीं। बच्चों को पढ़ने की आदत डालने पर बल दिया जाता। उस समय समाज में स्त्रियों की शिक्षा उतनी सामान्य नहीं थी, फिर भी केलर परिवार ने ज्ञान को प्रगति का मार्ग माना। यह सोच अपने समय से आगे की कही जा सकती है।

परिवार धार्मिक और नैतिक मूल्यों में आस्था रखता था। ईश्वर में विश्वास, कर्तव्य का पालन और दूसरों के प्रति संवेदनशील व्यवहार-ये सब घर के वातावरण

का हिस्सा थे। बच्चों को सिखाया जाता कि जीवन केवल व्यक्तिगत सुख के लिए नहीं बल्कि समाज के प्रति उत्तरदायित्व निभाने के लिए भी है।

इस प्रकार, हेलेन के जन्म का परिवेश केवल एक भौतिक घर नहीं था बल्कि मूल्य, अनुशासन, स्नेह और शिक्षा से निर्मित एक संस्कारभूमि था। यहाँ कठोरता और कोमलता, परंपरा और प्रगति, नियम और संवेदना- इन सबका संतुलन दिखाई देता था।

आगे चलकर जब जीवन ने उन्हें असाधारण चुनौतियों के सामने खड़ा किया तब यही पारिवारिक आधार उनके लिए आंतरिक शक्ति का स्रोत बना। यह वही घर था, जहाँ से उन्हें दृढ़ता का संस्कार पिता से और संवेदनशीलता की धारा माता से मिली।

इस प्रकार हेलेन केलर का जन्म केवल एक परिवार में नहीं बल्कि ऐसे वातावरण में हुआ, जिसने उनके व्यक्तित्व की दिशा निर्धारित करने में महत्वपूर्ण भूमिका निभाई। यही पारिवारिक पृष्ठभूमि उनके जीवन के महान संघर्षों और उपलब्धियों की आधारशिला सिद्ध हुई।

आज पहचानें स्वयं को :

१. आपके बचपन के व्यक्तित्व में ऐसी कौन सी अच्छी आदत या मूल्य है, जो आपको अपने परिवार से मिले हैं?

२. यदि आपको अपने घर के वातावरण को तीन शब्दों में व्यक्त करना हो तो वे कौन से होंगे? क्या उन बातों ने आपको आज का इंसान बनने में कोई भूमिका निभाई है?

३. हेलेन को पिता से दृढ़ता और माता से संवेदनशीलता मिली। आपके जीवन में ऐसे कौन से लोग हैं, जिनसे आपने साहस, अनुशासन, करुणा या जीवन की कोई महत्वपूर्ण सीख पाई है?

02

हेलेन की सहज दुनिया

'हर बच्चे के भीतर संभावनाओं का एक संसार भरा है;
उसे आकार देने का काम उसके प्रारंभिक वातावरण करता है।'

किसी भी व्यक्तित्व की जड़ें उसके बचपन की मिट्टी में छिपी हो सकती हैं। वही मिट्टी उसे आकार देती है, वही उसके भीतर पहला साहस, पहला विश्वास और पहली संवेदना बोती है। हेलेन केलर का प्रारंभिक जीवन भी ऐसे ही सुसंस्कृत और स्नेहमय वातावरण में विकसित हुआ-एक ऐसे घर में जहाँ अनुशासन और करुणा साथ-साथ चलते थे।

अमेरिका के दक्षिणी भाग के शांत परिवेश में स्थित उनका घर प्रकृति से जुड़ा हुआ था। आँगन में पेड़ थे, आस-पास हरियाली थी और दिनचर्या में सादगी। इस प्राकृतिक वातावरण ने उनके भीतर सहजता और संवेदनशीलता के बीज डाले।

पिता आर्थर स्पष्ट सोच और मर्यादापूर्ण जीवन को महत्त्व देते थे। माता केट-कोमल, धैर्यशील और गहरी समझ रखनेवाली महिला थीं। इन दोनों स्वभावों का संतुलन घर को स्थिर भी बनाता था और स्नेहमय भी।

घर में संवाद की परंपरा थी। पढ़ना, चर्चा करना और विचारों को महत्त्व देना सामान्य बात थी। ऐसे वातावरण में पला-बढ़ा बच्चा केवल बड़ा नहीं ही होता, आंतरिक तौर पर विकसित भी होता है।

बाल्यावस्था में हेलेन अत्यंत सक्रिय और उत्सुक थी। वह आँगन में दौड़ती, पेड़ों की छाया में खेलती और अपने आस-पास की हर वस्तु को ध्यान से देखती।

हेलेन के लिए दुनिया एक खोज थी, हर दिन कुछ नया जानने का अवसर होता था।

उसे वस्तुओं को छूकर समझने की आदत थी। कभी फूल की पंखुड़ी को हाथ में लेकर उसकी कोमलता महसूस करती, कभी पानी को उँगलियों से बहते हुए रोकने का प्रयास करती। उसकी आँखों में प्रश्न थे और मन में उत्साह।

परिवार के लोग उसकी तीव्र ग्रहणशीलता देखकर प्रसन्न होते। वह शब्दों को जल्दी समझ लेतीं और संकेतों पर ध्यान देतीं। उसमें स्वाभाविक आत्मविश्वास झलकता था, जो वातावरण से मिला हुआ था।

परिवार की दृष्टि और उम्मीदें

हेलेन के प्रति परिवार का व्यवहार केवल लाड़-प्यार तक सीमित नहीं था। उसमें सजगता और दूरदृष्टि भी थी। माता-पिता चाहते थे कि उनकी बेटी शिक्षित और आत्मनिर्भर बने। उस समय समाज में बालिकाओं की शिक्षा उतनी सामान्य नहीं थी, फिर भी उन्होंने मन में ठान लिया था कि वे अपनी बेटी को शिक्षा से वंचित नहीं होने देंगे।

घर में भविष्य की योजनाएँ बनतीं, संभावनाओं पर चर्चा होती। यह विश्वास वातावरण का हिस्सा था कि जीवन में आगे बढ़ना स्वाभाविक है। यही सोच हेलेन के मन में भी धीरे-धीरे स्थान बनाने लगी।

प्रेम, सुरक्षा और विश्वास – बच्चे की असली शक्ति

हर बच्चे का मन कोमल बीज की तरह होता है। जिस मिट्टी में उसे रोपा जाए, वही उसके विकास की दिशा तय करती है। यदि उस मिट्टी में प्रेम की ऊष्मा हो तो बच्चा स्वयं को स्वीकार करना सीखता है। उसे यह एहसास होता है कि वह महत्वपूर्ण है, उसका अस्तित्व मूल्यवान है। यही भावनात्मक आधार आगे चलकर उसके आत्म-सम्मान की जड़ बनता है।

सुरक्षा का वातावरण बच्चे को भय से मुक्त करता है। जब उसे यह भरोसा होता है कि गलती करने पर उसे अपमान नहीं, मार्गदर्शन मिलेगा; असफल होने पर तिरस्कार नहीं, सहारा मिलेगा तभी वह निर्भीक होकर प्रयास करता है। निडरता अचानक नहीं आती, वह धीरे-धीरे विश्वास से जन्म लेती है।

विश्वास और उम्मीद बच्चे में लक्ष्य की दिशा जगाते हैं। जब परिवार उसके छोटे-छोटे प्रयासों को भी महत्त्व देता है तब उसके भीतर आगे बढ़ने की प्रेरणा

स्थायी रूप से जगती है। परिस्थितियों से घबराने की बजाय वह उन्हें समझने और बदलने का साहस विकसित करता है।

हेलेन का प्रारंभिक जीवन भी ऐसे ही संतुलन से बना था। यही कारण है कि आगे चलकर जब जीवन ने अप्रत्याशित मोड़ लिया तब उसके भीतर का आधार डगमगाया नहीं।

हेलेन के बचपन की ये शांत, साधारण सी प्रतीत होनेवाली परिस्थितियाँ वास्तव में असाधारण थीं। इन्हीं में भविष्य के संघर्षों का सामना करने की शक्ति छिपी थी। उसके जीवन का यह प्रारंभिक काल बाहर से साधारण प्रतीत हो सकता है पर आंतरिक तौर पर अत्यंत दृढ़ था। जो आगे चलकर उसके जीवन के कठिन क्षणों में उसके काम आई।

प्रारंभिक बचपन ने उसे वह आंतरिक आधार दिया, जिसने परिस्थितियों के बदल जाने पर भी उसके व्यक्तित्व को टूटने नहीं दिया। यही कारण है कि उसका जीवन केवल संघर्ष की कथा नहीं बल्कि प्रेरणा का स्रोत बन गया।

इस प्रकार उसका जन्म और प्रारंभिक बचपन केवल जीवन की शुरुआत नहीं बल्कि उस आंतरिक निर्माण की प्रक्रिया थी, जिसने आगे चलकर उसे असाधारण बनने की दिशा दी।

आज पहचानें स्वयं को :

१. अपने बचपन के किसी ऐसे क्षण को याद कीजिए, जब आपने स्वयं को पूरी तरह सुरक्षित, प्रेमपूर्ण और निश्चिंत महसूस किया था। क्या वह स्मृति आज भी आपको भीतर से शक्ति देती है?

२. बचपन में आपको सबसे अधिक क्या करना अच्छा लगता था- कुछ नया जानना, प्रकृति को देखना, प्रश्न पूछना या किसी बात को ध्यान से समझना? क्या वह जिज्ञासा आज भी आपके भीतर जीवित है?

३. अपने जीवन के उन लोगों के बारे में सोचिए, जिन्होंने आपको यह विश्वास दिया कि आप महत्वपूर्ण हैं और कुछ अच्छा कर सकते हैं। क्या आपने कभी महसूस किया कि उनका प्रेम और भरोसा आज भी आपके व्यक्तित्व का हिस्सा है?

03

हेलेन का अंधकारमय जीवन

'हर रुकावट जीवन का अंत नहीं होती,
असल में वह आपको सही दिशा में मोड़ रही होती है।'

टस्कम्बिया का वह घर, जो अब तक हँसी और मासूमियत से भरा रहता था, उस दिन अचानक एक अनजानी बेचैनी से भर गया। छोटी सी हेलेन, जो कुछ ही समय पहले आँगन में खेल रही थी, उस दिन असामान्य रूप से शांत थी। उसका शरीर तप रहा था, माथा गर्म था और साँसें तेज़ चल रही थीं। वह बार-बार कराहती, हाथ-पैर हिलाती-जैसे किसी अदृश्य पीड़ा से संघर्ष कर रही हो।

माँ केट ने उसे तुरंत अपनी गोद में उठा लिया। उनकी उँगलियाँ उसके माथे को सहला रही थीं, मानो स्पर्श के माध्यम से उसका दर्द अपने भीतर समेट लेना चाहती हों। हर थपकी में एक प्रार्थना थी, हर चुम्बन में एक उम्मीद। पिता आर्थर ये सब देख रहे थे- एक मजबूत व्यक्ति उस क्षण भीतर से पूरी तरह असहाय हो चुका था। उन्होंने तुरंत डॉक्टर को बुलवाया।

डॉक्टर आए, उन्होंने हेलेन की जाँच की। उनके चेहरे पर उभरती चिंता स्थिति की गंभीरता बता रही थी। बुखार असामान्य था। उन्होंने धीमे स्वर में कहा- 'यह साधारण बीमारी नहीं है।' उस समय इसे अलग-अलग नामों से जाना जाता था- आज हम इसे मेनिन्जाइटिस या स्कार्लेट फीवर कहते हैं। पर नाम से कहीं अधिक भयावह थी उसकी वास्तविकता। संकेत स्पष्ट था-स्थिति नाज़ुक है।

घर में जैसे समय ठहर गया। एक पिता, जो हमेशा हर परिस्थिति में दृढ़ निर्णय लेता था, आज अपनी ही बच्ची के सामने बेबस खड़ा था। लेकिन माँ ने हार नहीं मानी। कई दिनों तक वह हेलेन को अपनी गोद में लिए बैठी रही। दवा अपना काम कर रही थी या नहीं, यह स्पष्ट नहीं था पर माँ का स्पर्श निरंतर था। उनकी आँखों में बस एक ही प्रार्थना थी- मेरी बच्ची बच जाए।

दिन बीतते गए। बुखार कभी कम होता, फिर अचानक बढ़ जाता। हर पल एक अनिश्चितता में बीत रहा था- उम्मीद और डर के बीच झूलता हुआ।

फिर एक दिन जितनी अचानक बीमारी आई थी, उतनी ही अचानक वह कम होने लगी। हेलेन का तापमान गिरने लगा। उसकी साँसें सामान्य होने लगीं। घर में जैसे जीवन लौट आया। माता-पिता की आँखों में आँसू थे- डर के नहीं, कृतज्ञता के। उन्हें लगा, उनकी बच्ची वापस आ गई।

लेकिन जीवन को अभी अपना सबसे बड़ा मोड़ दिखाना बाकी था। कुछ ही दिनों बाद एक अजीब सा बदलाव दिखाई देने लगा। हेलेन अब पहले की तरह प्रतिक्रिया नहीं देती थी। माँ उसे पुकारती- वह शांत रहती। पिता पास आते- वह उनकी ओर नहीं मुड़ती। जो रोशनी पहले उसे आकर्षित करती थी, अब वह उससे आँखें बंद कर लेती। पहले सबने यही सोचा- वह अभी कमज़ोर है, समय के साथ सब ठीक हो जाएगा।

पर धीरे-धीरे सच्चाई सामने आने लगी। हेलेन की आँखें अब देख नहीं रही थीं। उसके कान अब सुन नहीं रहे थे। जिस संसार में वह अब तक रंगों, ध्वनियों और स्पर्श के साथ जी रही थी, वह संसार उससे छिन चुका था। वह उसी दुनिया में थी पर उससे पूरी तरह कट चुकी थी। मानो, जीवन ने उसे एक ऐसे गहरे मौन और अंधकार में धकेल दिया हो, जहाँ पहुँचने की उसने कभी कल्पना भी नहीं की थी।

एक छोटी सी बच्ची, जिसने अभी जीवन को समझना शुरू ही किया था, अचानक उससे वंचित हो गई। यह केवल एक बीमारी नहीं थी, जीवन का निर्णायक मोड़ था।

ऐसे क्षण केवल शरीर को नहीं, पूरे परिवार की अंतरात्मा को झकझोर देते हैं। माता-पिता के लिए यह केवल अपनी संतान की पीड़ा नहीं थी बल्कि अपने हर सपने को टूटते हुए देखने जैसा था। वे हर दिन एक ही प्रश्न से जूझते- अब आगे क्या होगा? पर जीवन की यही सच्चाई है- जब वह हमसे कुछ छीनता है तो उसी

खालीपन में कुछ नया जन्म लेने की जगह भी बनाता है। उस समय भले ही वह दिखाई न दे पर वही बीज आगे चलकर असाधारण शक्ति में बदलता है।

हर परिवर्तन शोर मचाकर नहीं आता, कुछ बदलाव खामोशी से आते हैं और पूरी ज़िंदगी की दिशा बदल देते हैं।

अकसर लोग सोचते हैं कि हम सब कुछ नियंत्रित कर सकते हैं पर कुछ घटनाएँ हमें यह सिखाने आती हैं कि जीवन हमारे नियंत्रण से कहीं बड़ा है।

हेलेन के जीवन का यह मोड़ हमें एक गहरी सीख देता है- जीवन हमसे क्या छीनता है, यह महत्वपूर्ण नहीं है, हम उसके बाद क्या बनते हैं, यही हमारी असली पहचान है।

जब जीवन अंधकार देता है तब वही अंधकार हमारे भीतर छिपी रोशनी को खोजने का अवसर भी देता है।

प्रश्न यह नहीं कि हमारे साथ क्या हुआ, प्रश्न यह है कि हम उसके बाद क्या बनने का साहस रखते हैं और यही वह क्षण होता है, जहाँ भीतर एक नई रोशनी जन्म लेती है।

आज पहचानें स्वयं को :

१. अपने जीवन की किसी ऐसी घटना को याद कीजिए, जिसने अचानक आपकी पूरी दुनिया बदल दी थी। उस अनुभव ने आपको क्या सिखाया?

२. क्या कभी ऐसा हुआ है कि उस समय जो घटना दुःखद महसूस हुई थी, बाद में उसी ने आपको पहले से अधिक मजबूत या परिपक्व बना दिया? वह कौन सी घटना थी?

३. यदि आज जीवन आपके सामने कोई ऐसी चुनौती रख दे, जिसकी आपने कभी कल्पना भी न की हो तो क्या आप केवल खोई हुई बातों को देखेंगे या उसके भीतर छिपी नई संभावना को खोजने का प्रयास करेंगे?

04

अंधकार में जीवन के शुरुआती वर्ष

'जब शब्द साथ छोड़ देते हैं,
तब अंतरात्मा बोलना सीखती है।'

कुछ लोगों के जीवन में एक ऐसा दौर आता है, जहाँ बाहर की दुनिया समझ में नहीं आती पर भीतर कुछ लगातार उत्तर खोजता रहता है। हेलेन के लिए यह वही समय था- जहाँ अनुभव तो थे पर उनके अर्थ धीरे-धीरे धुंधले होते जा रहे थे।

उसके आस-पास सब कुछ मौजूद था- लोग, वस्तुएँ, दिनचर्या पर उनके साथ उसका संबंध स्पष्ट नहीं रह गया था। पहले जो चीज़ें सहज थीं, अब वे अनजानी लगने लगीं। किसी के पास आने का आभास तो होता पर पहचान नहीं बनती। अब उसका संसार स्पर्श तक सीमित हो चुका था और उसी के सहारे वह हर चीज़ को समझने की कोशिश कर रही थी।

धीरे-धीरे उसके सामने सबसे बड़ी चुनौती उभरकर आई- अपनी बात कहने की। उसे भूख लगती, कुछ चाहिए होता, असहजता होती पर वह उसे स्पष्ट रूप से बता नहीं पाती। यह असमर्थता ही उसकी सबसे गहरी पीड़ा बन गई थी।

जब भीतर बहुत कुछ हो और बाहर आने का कोई रास्ता न मिले तो मन अपनी अलग भाषा बना लेता है। हेलेन के व्यवहार में भी यही दिखने लगा। कभी वह अचानक प्रतिक्रिया देती, कभी बेचैन हो जाती, कभी पूरी तरह शांत हो जाती।

यह उसका स्वभाव नहीं बल्कि उसकी एक ऐसी भाषा थी, जिसे समझना आसान नहीं था।

उसके भीतर भावनाएँ पूरी तरह जीवित थीं- चाह, जिज्ञासा, लगाव, असंतोष... सब कुछ। फर्क सिर्फ इतना था कि वे शब्दों का रूप नहीं ले पा रहे थे। और जब भाव शब्द नहीं बनते तो वे संकेतों और हरकतों के रूप में बाहर आते हैं।

माता-पिता उसके हर संकेत को समझने की कोशिश करते। वे उसके पास रहते, उसे संभालते, हर पल उसका साथ देते। उनके प्रेम में कोई कमी नहीं थी पर समझ का माध्यम सीमित था। उनके और हेलेन के बीच अब सबसे बड़ी दूरी शब्दों की थी।

इसी बीच एक महत्वपूर्ण बदलाव धीरे-धीरे आकार लेने लगा। हेलेन ने खुद अपने तरीके खोजने शुरू किए। वह हाथ पकड़कर किसी वस्तु तक ले जाती, किसी क्रिया को दोहराकर अपनी इच्छा जताती। यह पूर्ण भाषा नहीं थी पर यह एक शुरुआत थी अपने भीतर की दुनिया को बाहर लाने की।

घर के वातावरण में भी एक नया अभ्यास बनने लगा। हर छोटी प्रतिक्रिया, हर इशारा, हर स्पर्श एक संकेत बनता जा रहा था। यह बिना शब्दों की भाषा थी पर इसमें जुड़ने की कोशिश साफ दिखाई देती थी।

जैसे-जैसे समय आगे बढ़ा, हेलेन की ज़रूरतें बढ़ने लगीं। उसके भीतर जानने की इच्छा और गहरी होती गई। अब केवल ज़रूरतें ही नहीं बल्कि समझने की चाह भी जाग रही थी। यही चाह कभी-कभी उसे बेचैन करती तो कभी उसे किसी चीज़ को बार-बार टटोलने के लिए प्रेरित करती।

दरअसल यही वह बिंदु था, जहाँ उसके भीतर एक नई प्रक्रिया शुरू हो रही थी- खोज की प्रक्रिया। यह केवल बाहरी दुनिया को समझने की नहीं थी, खुद को व्यक्त करने की खोज भी थी।

किसी को जीवन हमेशा तैयार रास्ते नहीं देता। कई बार वह ऐसी जगह खड़ा कर देता है, जहाँ अपनी राह खुद बनानी पड़ती है। हेलेन के जीवन का यह चरण उसी राह की शुरुआत था- जहाँ मौन के बीच भी संवाद जन्म ले रहा था।

यह केवल संघर्ष की कहानी नहीं बल्कि उस क्षण की कहानी है, जब इंसान सीमाओं के बावजूद हार नहीं मानता बल्कि नए रास्ते खोजने लगता है। यहीं से वह यात्रा शुरू होती है, जो आगे चलकर असाधारण बनती है।

यही वह क्षण होता है, जब जीवन हमें एक गहरा संकेत देता है कि अभिव्यक्ति केवल शब्दों तक सीमित नहीं है, मौन भी बोलता है। संकेत भी संवाद बन सकते हैं और स्पर्श भी संबंध रच सकता है।

हेलेन की यह यात्रा हमें यह सिखाती है कि जब रास्ते बंद होते दिखते हैं तब असल में हमारे भीतर नए रास्ते जन्म ले रहे होते हैं।

ज़रूरत सिर्फ इतनी है कि हार मानने की बजाय, अपने भीतर की उस सूक्ष्म आवाज़ को सुनना शुरू करें... क्योंकि जब दुनिया समझ नहीं आती तब खुद को समझना शुरू करना ही सबसे बड़ा उत्तर होता है।

आज पहचानें स्वयं को :

१. क्या कभी ऐसा हुआ है कि आप बहुत कुछ महसूस कर रहे थे पर उसे व्यक्त नहीं कर पाए? उस समय आपने क्या किया?

२. क्या आप कभी अपने आस-पास बिना शब्दोंवाली भाषा (भाव, संकेत, व्यवहार) समझने की कोशिश करते हैं?

३. जब जीवन में स्पष्टता नहीं होती तब आप बेचैन हो जाते हैं या उसे समझने का प्रयास करते हैं?

४. क्या आप अपने भीतर उठ रहे सवालों को अनदेखा करते हैं या उन्हें समझने का समय देते हैं?

05

हेलेन के जीवन में ऐनी सुलिवन का प्रवेश

'जब जीवन में सही शिक्षक आते हैं
तब जीवन को केवल सही दिशा ही नहीं मिलती
बल्कि भीतर का अंधकार भी अर्थ में बदलने लगता है।'

कभी ऐसा होता है कि हम सब कुछ महसूस तो करते हैं पर उसे समझ नहीं पाते। जीवन हमारे सामने होता है; घटनाएँ होती हैं, लोग होते हैं, अनुभव होते हैं पर उनके बीच कोई संबंध नहीं बन पाता। सब कुछ बिखरा हुआ लगता है।

हेलेन के जीवन में भी ऐसा ही एक अंधकार था। उसका संसार सीमित नहीं था, वह बस बंद था। माता-पिता ये सब देख रहे थे मगर उसकी दुनिया तक पहुँचने का कोई रास्ता उन्हें समझ नहीं आ रहा था। एक प्रश्न उन्हें भीतर से बार-बार विचलित करता, 'क्या हमारी बेटी कभी इस दुनिया से जुड़ पाएगी?'

इसी खोज में उन्हें एक आशा की किरण मिली। उन्हें बताया गया कि ऐसे बच्चों के लिए विशेष शिक्षण पद्धतियाँ होती हैं और ऐसे शिक्षक भी होते हैं, जो अंधकार में भी सीखने का रास्ता बना सकते हैं। यहीं से शुरू हुई एक ऐसी यात्रा, जो केवल हेलेन के जीवन को नहीं बल्कि पूरी दुनिया को बदलनेवाली थी। उस यात्रा का नाम था- ऐनी सुलिवन।

३ मार्च १८८७ उस दिन घर में कुछ अलग सी हलचल थी। हेलेन को महसूस हो रहा था कि कोई आनेवाला है। वह सीढ़ियों के पास खड़ी थी। उसे लगा उसकी माँ आ रही है। उसने अपनी बाँहें फैला दीं लेकिन उसे गले लगानेवाली उसकी माँ नहीं, नई शिक्षिका ऐनी थी।

ऐनी सुलिवन ने उसे अपने पास लिया। उस स्पर्श में एक अलग ही भाषा थी; न शब्द, न ध्वनि, फिर भी पूरी तरह स्पष्ट। वह भाषा थी- विश्वास की। हेलेन देख नहीं सकती थी पर उसने महसूस किया, यह व्यक्ति अलग है। शायद बहुत समय बाद उसे किसी के स्पर्श में सुरक्षा मिली।

उस दिन केवल एक शिक्षिका घर में नहीं आई थी, एक नया दृष्टिकोण आया था। अब तक सब लोग हेलेन को उसकी सीमाओं से देख रहे थे, वह क्या नहीं कर सकती। परंतु ऐनी ने उसे उसकी संभावनाओं से देखा, वह क्या कर सकती है और यही अंतर किसी भी जीवन की दिशा बदल सकता है।

ऐनी सुलिवन का जीवन भी सरल नहीं था। उन्होंने बचपन में अपनी माँ को खो दिया, पिता उन्हें छोड़कर चले गए। एक बीमारी के कारण उनकी दृष्टि भी बहुत कम हो गई थी। उन्होंने अनाथालय में जीवन बिताया, संघर्षों के बीच शिक्षा प्राप्त की और धीरे-धीरे अपने जीवन को दिशा दी।

इसी कारण ऐनी, हेलेन के अंधकार को केवल देख नहीं रही थीं, उसे समझकर महसूस भी कर रही थीं। उन्होंने बहुत जल्दी समझ लिया कि हेलेन में कोई कमी नहीं थी, कमी केवल संवाद की थी। उसकी आँखें देख नहीं सकती थीं, उसके कान सुन नहीं सकते थे इसीलिए वह स्पष्ट बोल नहीं पाती थी। पर उसका मन जागृत था, उसकी बुद्धि सक्रिय थी और उसमें सीखने की क्षमता प्रबल थी, जो किसी भी सामान्य बच्चे में होती है। आवश्यकता केवल उस द्वार को खोजने की थी, जिससे उसकी दुनिया तक पहुँचा जा सके।

ऐनी ने हेलेन को सिखाने का एक बिलकुल अलग तरीका अपनाया। वे हर वस्तु को हेलेन के हाथ में देतीं, उसे छूने देतीं, महसूस करने देतीं, फिर उसकी हथेली पर उँगलियों से उस वस्तु का नाम लिखतीं। एक दिन उन्होंने उसे एक गुड़िया दी और उसकी हथेली पर लिखा- D-O-L-L

हेलेन ने उँगलियों की उस हरकत की नकल की। उसे यह एक खेल जैसा लगा। पर अभी वह हरकत सीख रही थी, अर्थ नहीं। धीरे-धीरे वह समझने लगी कि हर वस्तु का एक नाम होता है और हर नाम का एक अर्थ। दरअसल यह केवल भाषा सीखना नहीं था, दुनिया को समझना था।

कभी-कभी वह चिढ़ जाती, गुस्सा करती, चीज़ें फेंक देती। पर ऐनी रुकी नहीं। एक सच्चा शिक्षक परिणाम नहीं, प्रक्रिया पर भरोसा करता है। वे हर दिन, हर क्षण, उसी धैर्य और प्रेम से उसे सिखाती रहीं।

फिर वह दिन आया, जिसने हेलेन के जीवन की दिशा बदल दी। ऐनी उसे घर के बाहर पानी के पंप के पास ले गईं। उन्होंने हेलेन का एक हाथ बहते हुए ठंडे पानी के नीचे रखा और दूसरे हाथ पर उँगलियों से लिखा–W-A-T-E-R. ठंडा पानी उसकी हथेली पर बह रहा था और उसी क्षण, उसके भीतर जैसे कोई बंद दरवाज़ा खुल गया। अचानक उसे समझ में आया; यह जो अनुभव है, उसका एक नाम है– वॉटर।

यह केवल एक शब्द नहीं था, अंधकार में उपजी एक हलकी सी उम्मीद (रोशनी) का जन्म था। उस क्षण पहली बार उसने अनुभव और शब्द के बीच का संबंध महसूस किया। वह उत्साह से भर उठी। अब वह हर चीज़ को छूकर उसका नाम जानना चाहती थी। उस एक दिन में उसने कई शब्द सीख लिए पर असली परिवर्तन शब्दों में नहीं था, उसकी चेतना में था।

अगर ऐनी केवल एक शिक्षिका होतीं तो शायद वे कुछ शब्द सिखाकर चली जातीं। परंतु उन्होंने हेलेन को केवल पढ़ाया नहीं, उसे उसके भीतर की शक्ति से मिलवाया। यही तो एक शिक्षक का कार्य होता है। वह केवल जानकारी नहीं देता, जागृति भी लाता है और विद्यार्थी का कार्य केवल सीखना नहीं, खुलना होता है।

ऐनी ने हेलेन में वह देखा, जो वह खुद में नहीं देख पा रही थी– संभावना! हमारे जीवन में भी कई बार ऐसा होता है– हम सब कुछ महसूस करते हैं मगर समझ नहीं पाते। हम प्रयास करते हैं पर दिशा नहीं मिलती। ऐसे में हमें केवल और जानकारी नहीं चाहिए; हमें चाहिए एक सही दृष्टि, एक सही मार्गदर्शक या एक ऐसा अनुभव जो हमें हमसे जोड़ दे।

हर जीवन में 'वॉटर' जैसा एक क्षण आता है, जब सब कुछ अचानक स्पष्ट हो जाता है। प्रश्न यह नहीं कि वह क्षण कब आएगा, प्रश्न यह है; क्या हम उसे पहचान पाएँगे?

आज पहचानें स्वयं को :

१. पिछले कुछ वर्षों में ऐसा कौन सा इंसान, अवसर या मार्गदर्शन मेरे जीवन में आया, जिसका महत्त्व मैं समय पर समझ नहीं पाया?

२. इस समय मैं किस नई सीख से दूर भाग रहा हूँ, जो मेरे विकास का द्वार खोल सकती है?

३. मैं लोगों में सबसे पहले क्या देखता हूँ- कमियाँ, उपयोगिता या उनकी छिपी क्षमता?

४. मेरे कारण किसी एक व्यक्ति के जीवन में अब तक क्या सकारात्मक परिवर्तन आया है?

५. यदि आज से मैं स्वयं प्रकाश बनूँ तो मेरे व्यवहार, शब्द और सोच में कौन सा पहला बदलाव आएगा?

06

हेलेन का शिक्षा की ओर पहला कदम

'जब सीखने की चाह जगती है
तब हर बाधा रास्ता बन जाती है।'

हेलेन के लिए वॉटर केवल एक संकेत नहीं था, वह अंधेरे से प्रकाश की ओर खुलता हुआ पहला द्वार था।

उस दिन के बाद हेलेन के भीतर एक नई हलचल जन्मी। अब वह केवल वस्तुओं को छूकर संतुष्ट नहीं होती थी। हर स्पर्श उसके भीतर प्रश्न जगाता- यह क्या है? इसका नाम क्या है? पेड़ की खुरदरी छाल, हवा का कोमल स्पर्श, दरवाज़े की कठोर सतह, ज़मीन की ठंडक- सब जैसे उसे पुकार रहे थे कि उन्हें जाना जाए। यही जिज्ञासा विद्यार्थी जीवन में उभरी शिक्षा की पहली सीढ़ी होती है।

ऐनी सुलिवन ने इस परिवर्तन को तुरंत पहचान लिया। वे समझ गईं कि अब हेलेन को केवल सिखाने की नहीं, दिशा देने की आवश्यकता है। उन्होंने उसे ब्रेल लिपि से परिचित कराया- एक ऐसी भाषा, जिसे आँखों से नहीं, उँगलियों से पढ़ा जाता है। छोटे-छोटे उभरे हुए बिंदु, जो देखने में साधारण लगते हैं मगर अपने भीतर अर्थों का विशाल संसार समेटे हुए होते हैं।

जब पहली बार हेलेन की उँगलियाँ उन बिंदुओं पर चलीं, वह ठिठक गई। उसे कुछ स्पष्ट नहीं हुआ। वह उन्हें छूती, दोहराती, फिर रुक जाती। कई बार एक ही पैटर्न समझने के बाद भी भूल जाती। कभी उसके चेहरे पर झुँझलाहट उभरती, मानो वह स्वयं से पूछ रही हो- 'मैं क्यों नहीं समझ पा रही हूँ?'

पर इस बार उसके भीतर कुछ बदल चुका था। पहले असफलता उसे क्रोध की ओर ले जाती थी, अब वही उसे पुनः प्रयास की ओर ले जा रही थी। वह रुकती, सोचती, फिर शुरू करती। यह केवल व्यवहार का परिवर्तन नहीं था, यह धैर्य और जागरूकता का जन्म था।

ऐनी सुलिवन हर कदम पर उसके साथ थीं। वे उसके संकेतों को समझने का प्रयास करतीं, फिर उसकी ऊँगलियों को धीरे-धीरे मार्ग दिखातीं। वे उसे बार-बार अभ्यास करने देतीं- बिना थके, बिना अधीर हुए। वे जानती थीं कि सच्चा ज्ञान जल्दबाज़ी से नहीं, समय और प्रेम से खिलता है। वे केवल शिक्षिका नहीं थीं, हेलेन और संसार के बीच एक सेतु थीं।

दिन बीतते गए। धीरे-धीरे वे बिंदु, जो पहले केवल उभार लगते थे, अब अर्थ बनने लगे। फिर वह स्वर्णिम क्षण आया जब हेलेन ने पहली बार स्वयं एक शब्द पढ़ा। उसी पल उसकी चेतना का नया अध्याय खुल गया। अब संसार उसके लिए केवल वस्तुओं का समूह नहीं था बल्कि अर्थों से भरी जीवित दुनिया था।

पढ़ना सीखते ही उसके भीतर एक और इच्छा जागी- अपने मन की दुनिया को बाहर लाने की। पहले वह बहुत कुछ महसूस करती थी पर कह नहीं पाती थी। अब उसके पास अभिव्यक्ति का माध्यम था। उसने उँगलियों से शब्द बनाने शुरू किए, फिर विशेष स्लेट और स्टायलस की सहायता से लिखना सीखा।

उसके लिए हर अक्षर केवल अक्षर नहीं था। वह उसके भीतर कैद मौन के टूटने की आहट थी। वह उस आवाज़ का जन्म था, जो लंबे समय से भीतर बंद थी। कई बार वह गलती करती, फिर स्वयं सुधारती। मगर हार नहीं मानती थी क्योंकि अब उसे समझ आ गया था कि सीखना मंज़िल नहीं, निरंतर चलनेवाली यात्रा है।

मौन ने उसे भीतर से गहरा बना दिया था। वह केवल ज्ञान ग्रहण नहीं कर रही थी, अनुभवों को अंतरात्मा से देख रही थी। जैसे वह जीवन की साक्षी बन गई हो- जो दुनिया को केवल छूती नहीं, भीतर से समझती है।

फिर एक दिन उसने अपना पहला पूरा वाक्य लिखा। उस क्षण का आनंद शब्दों में बाँधना कठिन था। वह केवल लिखना नहीं था, वह अपने अस्तित्व से जुड़ना था। अब वह केवल दुनिया को समझ नहीं रही थी, दुनिया से संवाद भी कर रही थी।

कुछ समय बाद उसे पर्किन्स स्कूल फॉर द ब्लाइंड भेजा गया, वही स्थान जहाँ से ऐनी सुलिवन आई थीं। यह उसके जीवन का अगला बड़ा कदम था। घर की सीमित दुनिया से निकलकर वह ऐसे वातावरण में पहुँची, जहाँ उसके जैसे अनेक

बच्चे थे। सबकी चुनौतियाँ अलग थीं पर सबमें एक बात समान थी- सीखने की तीव्र इच्छा।

यह अनुभव हेलेन के लिए बिलकुल नया था। पहली बार उसे महसूस हुआ कि वह अकेली नहीं है। यही एहसास उसके भीतर नई शक्ति बन गया। अब वह केवल संघर्ष नहीं कर रही थी, आगे बढ़ रही थी।

स्कूल ने उसे केवल शिक्षा नहीं दी बल्कि असली पहचान दी। विश्वास दिया कि वह भी इस संसार का महत्वपूर्ण हिस्सा है, वह भी कुछ कर सकती है। उसके भीतर जागी जिज्ञासा अब दिशा पा चुकी थी।

हम अकसर शिक्षा को केवल पढ़ना-लिखना मान लेते हैं, जबकि सच्ची शिक्षा उससे कहीं अधिक है। सीखना तब आरंभ होता है, जब भीतर जानने की प्यास उठती है। जब जिज्ञासा जगती है तब हर परिस्थिति शिक्षक बन जाती है और जब मन बंद हो तब श्रेष्ठ अवसर भी व्यर्थ चले जाते हैं।

यही इस यात्रा की सबसे गहरी सीख है- सीमाएँ हमें नहीं रोकतीं, सीमित सोच रोकती है। जब सीखना हमारे स्वभाव का हिस्सा बन जाता है तब बाधाएँ भी मार्ग दिखाने लगती हैं।

अतः प्रश्न यह नहीं है कि हमारे पास क्या नहीं है, प्रश्न यह है कि जो है हम उसका उपयोग कैसे कर रहे हैं।

आज पहचानें स्वयं को :

१. मेरे जीवन में आज कौन सी ऐसी कठिनाई है, जिसे मैं बाधा मानकर छोड़ देता हूँ, जबकि वही मेरे विकास का अवसर बन सकती है?

२. जब मुझे किसी बात को समझने में समय लगता है तब मैं कैसी प्रतिक्रिया देता हूँ- हताशा, क्रोध, धैर्यपूर्ण प्रयास या अन्य?

३. मेरे भीतर सीखने की जिज्ञासा किन क्षेत्रों में जीवित है और किन क्षेत्रों में वह धीरे-धीरे कम हो गई है?

४. कौन-सा ऐसा गुण, साधन या अवसर मेरे पास पहले से है, जिसका मैं अभी तक पूरा उपयोग नहीं कर पाया हूँ?

५. यदि मैं आज से हर चुनौती को शिक्षक मानकर देखना शुरू कर दूँ तो मेरे जीवन की दिशा में क्या परिवर्तन आ सकता है?

07

हेलेन के सपनों की उड़ान

'कुछ सपने आँखों से नहीं देखे जाते
वे भीतर की रोशनी से जन्म लेते हैं।'

हेलेन कौन थी? ईश्वर हर किसी को एक जैसा जीवन नहीं देता लेकिन कुछ लोगों के भीतर ऐसी रोशनी जगा देता है, जो अंधकार से भी बड़ी हो जाती है।

हेलेन उन्हीं लोगों में से एक थी। वह देख नहीं सकती थी, सुन नहीं सकती थी। दुनिया उनके लिए आवाज़ों, रंगों और चेहरों से खाली थी। फिर भी उसके भीतर एक सपना था- सीखने का, समझने का, अपने जीवन को अंधकार से निकालकर अर्थ देने का।

उसने बहुत जल्दी समझ लिया था कि उनकी सबसे बड़ी कमी उसका अंधापन या बधिरता नहीं है। असली खतरा तब हो सकता है, जब वह खुद पर से विश्वास खो देती। इसलिए उसने एक निर्णय लिया- 'मैं अपनी सीमाओं से छोटी नहीं बनूँगी।' यह केवल आत्मविश्वास की बात नहीं थी। यह उस सोच के खिलाफ विद्रोह था, जिसमें समाज पहले इंसान की कमी देखता है, फिर उसकी संभावना तय करता है।

आज भी युवाओं के साथ कुछ ऐसा ही होता है। किसी को उसके अंकों से आँका जाता है, किसी को अंग्रेज़ी से, किसी को दिखावे से, किसी को सोशल मीडिया की लोकप्रियता से। धीरे-धीरे लोग दूसरों की बनाई हुई परिभाषाओं में खुद को नापने लगते हैं।

हेलेन ने अपनी सीमाओं को नकारा नहीं था। वह जानती थी कि उसकी कठिनाइयाँ वास्तविक हैं लेकिन उसने यह मानने से इनकार कर दिया कि वे ही कठिनाइयाँ उसके जीवन की अंतिम पहचान बन जाएँ।

यही अंतर बहुत कम लोग समझ पाते हैं। सीमाएँ होना समस्या नहीं है, खुद को उन्हीं सीमाओं तक मर्यादित मान लेना असली हार है। हेलेन का जीवन इन्हीं सीमाओं को तोड़कर आगे बढ़ रहा था।

उसने पढ़ाई को केवल शिक्षा नहीं, अपनी स्वतंत्रता का रास्ता बना लिया। टाइपराइटर चलाना सीखा, भाषाएँ सीखीं, अंग्रेज़ी साहित्य और इतिहास का गहराई से अध्ययन किया। हर दिन उसके लिए सामान्य लोगों से कहीं अधिक कठिन था। एक शब्द समझने में भी उतनी मेहनत लगती थी, जितनी शायद दूसरे को एक पूरा पन्ना पढ़ने में नहीं लगती होगी।

लेकिन हेलेन के भीतर सीखने की जो प्यास थी, वह किसी भी कठिनाई से बड़ी थी और यही वह जगह है, जहाँ उसकी कहानी हमारी कहानी से जुड़ती है। क्योंकि जीवन में अकसर हमें रोकनेवाली चीज़ें परिस्थितियाँ नहीं होतीं, हमारे बहाने होते हैं।

कभी मन नहीं करता, कभी समय नहीं मिलता, कभी डर लगता है, कभी लगता है कि अब बहुत देर हो चुकी है। जबकि सच यह है- जिस इंसान के भीतर आगे बढ़ने की आग बची रहती है, उसके लिए रास्ते धीरे-धीरे बनते जाते हैं।

सन १९०० में हेलेन ने रेडक्लिफ कॉलेज में प्रवेश लेने का निर्णय किया। यह सपना साधारण नहीं था। उस समय एक अंधी और बहरी लड़की का कॉलेज तक पहुँचना ही लोगों को असंभव लगता था। मगर हेलेन के लिए विशेष ब्रेल प्रश्नपत्र तैयार किए गए। उसने कठिन प्रवेश परीक्षा दी। हर चुनौती का सामना किया और आखिरकार उन्हें प्रवेश मिल गया लेकिन असली संघर्ष अब शुरू हुआ था।

कॉलेज की किताबें ब्रेल में उपलब्ध नहीं थीं। हर विषय को समझने के लिए अतिरिक्त समय, धैर्य और संघर्ष चाहिए था। जहाँ दूसरे छात्र सामान्य तरीके से पढ़ते थे, वहाँ हेलेन हर शब्द को स्पर्श के माध्यम से महसूस करके सीखती थी।

कॉलेज के दिनों की एक छोटी सी घटना हेलेन के व्यक्तित्व को बहुत सुंदर ढंग से सामने लाती है। एक दिन कक्षा में अध्यापिका ने विद्यार्थियों से कहा, 'हम सब अपने भविष्य के सपने अपनी आँखों से देखते हैं।'

हेलेन ने मुस्कुराकर उत्तर दिया, 'आँखें सपने नहीं देखतीं, मन सपने देखता है। मैं अपनी आँखों से देख नहीं सकती, फिर भी मैं सपने देखती हूँ। मेरा सपना है कि मैं ग्रेजुएट बनूँ।'

कुछ क्षणों के लिए पूरी कक्षा शांत हो गई। उस दिन सभी ने समझा कि सपने देखने के लिए आँखों की नहीं, विश्वास की आवश्यकता होती है। उस जवाब ने केवल अध्यापिका को ही नहीं, पूरी कक्षा को एक नया दृष्टिकोण दे दिया।

इस पूरी यात्रा में एक इंसान हर पल उनके साथ खड़ा था- ऐनी सुलिवन। ऐनी केवल शिक्षिका नहीं थीं, वे वह पुल थीं, जिन्होंने हेलेन को दुनिया से जोड़ रहा था। वे घंटों तक उसकी हथेली पर शब्द लिखतीं, लेक्चर समझातीं। नोट्स तैयार करवातीं, थकने पर उन्हें संभालतीं।

कई बार रातें इतनी लंबी हो जाती थीं कि शरीर जवाब देने लगता था, दिमाग थक जाता था, मन टूटने लगता था। एक दिन अत्यधिक थकान में हेलेन ने ऐनी से कहा- 'अब मुझसे नहीं हो रहा, मैं बहुत थक गई हूँ।' ऐनी ने उसका हाथ अपने हाथों में लिया और धीरे-धीरे उसकी हथेली पर लिखा- 'थकना कमजोरी नहीं है, रुक जाना है।'

कुछ क्षणों तक हेलेन बिलकुल शांत रहीं। फिर उसने ऐनी का हाथ कसकर पकड़ा और कहा- 'तो मैं रुकूँगी नहीं।' यही वह क्षण था, जहाँ एक इंसान फिर से अपने भीतर खड़ा हुआ।

जीवन में कुछ लोग हमें रास्ता नहीं देते, वे गिरने के बाद फिर उठना सिखाते हैं। ऐनी हेलेन के जीवन में वही शक्ति थीं।

धीरे-धीरे वर्षों की मेहनत रंग लाने लगी और वह दिन आया, जिसने इतिहास बदल दिया।

सन १९०४ में हेलेन ने बैचलर ऑफ आर्ट्स की डिग्री प्राप्त की। वह दुनिया की पहली अंधी और बहरी छात्रा बनीं, जिसने यह उपलब्धि हासिल की। लेकिन यह कहानी केवल एक डिग्री की नहीं है। यह उस इंसान की कहानी है, जिसने अपनी सीमाओं को अंतिम सत्य मानने से इनकार कर दिया।

आज हमारे पास सुविधाएँ हैं, किताबें हैं, इंटरनेट है, सीखने के अनगिनत अवसर हैं। फिर भी कई लोग अपने सपनों तक पहुँचने से पहले ही हार मान लेते हैं। याद रखें, इंसान को हमेशा परिस्थितियाँ नहीं हरातीं, कई बार वह खुद से हार जाता

है। हेलेन हमें याद दिलाती हैं कि शिक्षा केवल नौकरी या डिग्री पाने का माध्यम नहीं है, शिक्षा वह शक्ति है, जो इंसान को भीतर से बदल देती है। यह हमें हमारी छिपी हुई क्षमता से मिलाती है और सिखाती है कि अंधकार हमेशा बाहर नहीं होता, कई बार वह हमारे डर, संदेह और हार मान लेने की आदत में छिपा होता है।

और जो इंसान उस अंधकार से लड़ना सीख जाता है, उसे दुनिया की कोई ताकत रोक नहीं सकती।

माना कि हर सपना आसान नहीं होता, हर रास्ता साफ नहीं होता, हर सफर में थकान होती है लेकिन इतिहास हमेशा उन्हीं लोगों के नाम याद रखता है, जिन्होंने कठिनाइयों से यह नहीं पूछा 'तुम मुझे क्यों रोक रही हो?' बल्कि खुद से कहा- 'मैं फिर भी आगे बढ़ूँगा/बढ़ूँगी।'

आज पहचानें स्वयं को :

१. मेरे जीवन में कौन ऐसा व्यक्ति है, जिसकी उपस्थिति मुझे टूटने नहीं देती?

२. क्या मैंने कभी उसके महत्त्व को सच में महसूस किया है?

३. अपनी परेशानियों को अपनी शक्ति बनाने के लिए आज से क्या करूँगा/करूँगी?

४. अगर हेलेन जैसी परिस्थितियों में भी कोई इंसान अपने सपनों तक पहुँच सकता है तो फिर मुझे आज आगे बढ़ने से क्या रोक रहा है?

08

हेलेन: संघर्ष से प्रभाव तक

'जब भीतर उद्देश्य जाग जाता है
तो मौन भी शब्द बनकर
पूरी दुनिया में प्रकाश फैला देते हैं।'

हेलेन ने क्या किया? एक ऐसी दुनिया की कल्पना करें, जहाँ बिना देखे पहचान मुश्किल है लेकिन हेलेन ने महसूस किए बिना भी जीवन के छिपे हुए आयामों को उजागर किया।

कई लोग अपने जीवन की कठिनाइयों से बाहर निकल आते हैं मगर उनका जीवन केवल उन तक ही सीमित रह जाता है। वे दर्द सहते हैं, सीखते हैं, आगे बढ़ते हैं पर उनकी यात्रा दुनिया को नहीं छू पाती। वहीं कुछ लोग ऐसे होते हैं, जिनका संघर्ष केवल व्यक्तिगत कहानी नहीं बल्कि दुनिया के लिए एक संदेश बन जाता है। हेलेन केलर उन्हीं में से एक थीं।

ऐनी सुलिवन के आने के बाद उसके जीवन में सीखने का रास्ता खुल चुका था। अब वह केवल शब्द पहचाननेवाली बच्ची नहीं रही। हेलेन में लगातार जानने, समझने और दुनिया से जुड़ने की इच्छा बढ़ती जा रही थीं।

धीरे-धीरे उसने पढ़ाई में ऐसी प्रगति की, जिसने लोगों को आश्चर्य में डाल दिया। साधारणतः लोगों की सोच होती है- जो इंसान देख, सुन नहीं सकता, उसके लिए सामान्य शिक्षा पाना कठिन है। हेलेन ने इसी सोच को चुनौती दी।

एक दिन कॉलेज की क्लास में ऐनी सुलिवन हेलेन के हाथ पर लगातार

शब्दों से स्पेलिंग लिख रही थीं। प्रोफेसर तेज़ी से पढ़ा रहे थे। हेलेन की उँगलियाँ शब्दों की पहचान करके थक चुकी थीं तभी ऐनी ने उनके हाथ पर लिखा, 'तुम रुक सकती हो।'

हेलेन ने अपनी काँपती उँगलियों से ऐनी के हाथ को थपथपाते हुए लिखवाया, 'मैं हार नहीं मानूँगी।' यही वह क्षण था, जब अंधकार में डूबी हेलेन एक ऐसी आग बन गई थी, जिसे देखने की नहीं, महसूस करने की ज़रूरत थी।

उसने स्कूल और फिर कॉलेज की पढ़ाई पूरी की। कॉलेज का जीवन उसके लिए आसान नहीं था। हर लेक्चर को समझने के लिए ऐनी सुलिवन को लगातार उसके हाथों पर शब्दों को स्पेल करना पड़ता था। किताबें विशेष रूप से तैयार करनी पड़ती थीं। कई बार पढ़ाई का एक छोटा हिस्सा समझने में घंटों लग जाते थे। इन कठिनाइयों के बावजूद हेलेन रुकी नहीं।

वह समझ चुकी थीं कि धीमी गति से चलना हार नहीं होता, रुक जाना हार होता है। धीरे-धीरे उसने लिखना शुरू किया। शुरुआत में यह केवल अपने अनुभवों को व्यक्त करने का प्रयास था। लेकिन बाद में यही उसकी सबसे बड़ी शक्ति बन गया। जब उसने 'द स्टोरी ऑफ माई लाइफ' किताब लिखी तब लोगों ने पहली बार महसूस किया कि एक दृष्टिहीन और श्रवणबाधित इंसान भी दुनिया को कितनी गहराई से महसूस कर सकता है।

लोग उसकी कहानी पढ़कर केवल भावुक ही नहीं होते, अपने जीवन को भी नए दृष्टिकोण से देखने लगते थे।

हेलेन केवल अपने संघर्ष की बात नहीं करती थी। वह लोगों को जगाना चाहती थी ताकि लोग अपनी सीमाओं से बाहर निकलकर जीवन को असली अर्थ में देखें।

एक बार उसने कहा था, 'जीवन या तो एक साहसिक यात्रा है या कुछ भी नहीं।' यह वाक्य केवल प्रेरणा नहीं, उसके पूरे जीवन का सार था।

एक सुप्त ज्वालामुखी की कल्पना करें। लोग उसे सिर्फ एक मृत, बेकार पहाड़ समझते हैं। उस पर कोई हरियाली नहीं, कोई गर्मी नहीं, कोई आवाज़ नहीं। सब कहते हैं, 'ये अब कुछ नहीं कर सकता।' पर धरती के अंदर, गहरे नीचे लावा अभी भी बह रहा होता है। फिर एक दिन बिना किसी चेतावनी के वही मृत पहाड़ फूट

पड़ता है। इतनी ताकत से कि पूरी दुनिया हिल जाती है। वहीं से नई धरती बनती है, नई संभावनाएँ जन्म लेती हैं।

हेलेन बिलकुल उसी सुप्त ज्वालामुखी की तरह थी। बाहर से देखनेवालों को लगता था, बिना आँखों, बिना कानोंवाली लड़की क्या कर सकती है। पर हेलेन के भीतर एक ज्वालामुखी जल रहा था- उसकी चाहत, ज़िद और जीने की उम्मीद से भरा ज्वालामुखी। जब वह फूटी तो पूरी दुनिया ने देखा। उसने एक ऐसा विस्फोट किया, जिसने लाखों लोगों को जगा दिया। यही उसकी साहसिक यात्रा थी।

हेलेन ने दुनिया के कई देशों की यात्रा की। वह लोगों से मिली, भाषण दिए और दिव्यांग लोगों के अधिकारों के लिए आवाज़ उठाई। उस समय समाज में ऐसे लोगों को अकसर दया की दृष्टि से देखा जाता था लेकिन हेलेन ने लोगों की सोच बदलने का प्रयास किया।

वह चाहती थी कि समाज सहानुभूति से आगे बढ़कर, ऐसे लोगों को अवसर देना सीखे। एक कार्यक्रम में जब वे मंच पर पहुँचीं तो बहुत से लोग केवल उत्सुक थे। उन्हें समझ नहीं आ रहा था कि जो महिला देख, सुन नहीं सकती, वह लोगों को कैसे प्रेरित करेगी। लेकिन जैसे-जैसे उनका संदेश लोगों तक पहुँचा, पूरा वातावरण बदल गया। सभी को महसूस हुआ कि सच्ची शक्ति शरीर की क्षमता में नहीं, आंतरिक चेतना में होती है।

हेलेन का जीवन अब केवल उसका निजी जीवन नहीं रह गया था। वह लाखों लोगों के लिए उम्मीद का प्रतीक बन चुकी थी।

आज एक कम लाइक या थोड़ी आलोचना हमें तोड़ देती है, जबकि हेलेन ने बिना देखे-सुने पूरी दुनिया को जीत लिया था। उसने साबित कर दिखाया कि इंसान की सबसे बड़ी ताकत उसकी परिस्थितियाँ नहीं, उसका दृष्टिकोण होता है।

आज के समय में लोगों के पास सुविधाएँ बहुत हैं, जानकारी भी बहुत है, फिर भी लोग जल्दी टूट जाते हैं। छोटी असफलता, थोड़ी आलोचना या कुछ कठिन परिस्थितियाँ आते ही उनका आत्मविश्वास कमजोर पड़ने लगता है। ऐसे में हेलेन की जीवनी याद दिलाती है कि जीवन की सबसे बड़ी कमी संसाधनों की नहीं, दमदार उद्देश्य की होती है।

जिसे अपने जीवन का लक्ष्य मिल जाता है, वह कठिन रास्तों से भी गुजर जाता है। हेलेन ने अपने जीवन को शिकायत नहीं बनने दिया। उसने उसे एक दिशा

बना दिया। यही कारण है कि उसका जीवन केवल बायोग्राफी नहीं, मानव क्षमता का प्रमाण बन गया। जिससे प्रेरणा पाकर बस छोटे तीन कदम उठाएँ।

आज पहचानें स्वयं को :

१. अपने जीवन के ऐसे इंसान का नाम लिखिए, जिसने मुश्किल घड़ी में आपका साथ दिया। इस सप्ताह उसे धन्यवाद दीजिए।

२. आज ही एक छोटा लक्ष्य चुनिए (जैसे- रोज़ १० मिनट कुछ नया सीखना) और अगले ७ दिनों तक उसे बिना चूके करने की प्रतिज्ञा कीजिए।

३. इस सप्ताह का एक छोटा कदमः वह एक काम करें, जो आपको मुश्किल लगता है, बस इसलिए कि हेलेन ने वह रोज़ किया था, बिना देखे... बिना सुने!

09

हेलेनः सीमाओं के उस पार

'दुनिया ने जहाँ सीमा देखी,
वहीं उसने संभावना खोज ली।'

एक संगीत कार्यक्रम चल रहा था। हॉल में बैठे लोग पियानो की मधुर धुन में डूबे हुए थे। कोई आँखें बंद करके संगीत का आनंद ले रहा था, कोई उसके सुरों के साथ झूम रहा था। उसी समय हेलेन धीरे-धीरे पियानो के पास पहुँचीं और अपना हाथ उसकी सतह पर रख दिया। कुछ क्षण बाद उनके चेहरे पर मुस्कान उभर आई। जो लोग यह दृश्य देख रहे थे, उनके मन में प्रश्न उठना स्वाभाविक था। जिस संगीत को वे अपने कानों से सुन रहे थे, हेलेन उसे कैसे महसूस कर रही थीं?

पियानो के तारों से उठनेवाले कंपन उनकी उँगलियों तक पहुँच रहे थे। वही कंपन उनके लिए संगीत बन गए थे। जहाँ दूसरे लोग सुर सुन रहे थे, वहाँ हेलेन उन्हें स्पर्श के माध्यम से अनुभव कर रही थी। यह केवल संगीत का अनुभव नहीं था, उसके पूरे जीवन की झलक थी। जब भी कोई रास्ता उसके लिए बंद हुआ, उसने उसे स्वीकार करके बैठ जाने के बजाय नया रास्ता खोज लिया।

यही कारण था कि वह लोगों के लिए केवल प्रेरणादायक व्यक्तित्व नहीं बल्कि एक रहस्य भी थी। लोग अकसर आश्चर्य करते थे कि जो महिला सामान्य तरीके से सुन या देख नहीं सकती, वह हज़ारों लोगों तक अपने विचार कैसे पहुँचाती होगी। जब वह किसी सभा में जातीं तो लोगों के प्रश्न उसकी सहयोगी, उसकी हथेली पर उँगलियों के माध्यम से लिखती थी। हेलेन उन संकेतों को समझती और

फिर उत्तर देती। उसकी वाणी सामान्य लोगों जैसी स्पष्ट नहीं थी लेकिन उसके विचार, जो सहयोगी के माध्यम से लोगों तक पहुँचते, इतने स्पष्ट और सशक्त होते थे कि लोग ध्यान से सुनते रहते थे।

एक बार किसी ने उनसे पूछा, 'इतनी कठिनाइयों के बाद भी आप आगे कैसे बढ़ती रहती हैं?' प्रश्न उनकी हथेली पर लिखा गया। कुछ क्षण सोचने के बाद उसने उत्तर दिया, 'मैं उस बात में समय क्यों लगाऊँ, जो मेरे पास नहीं है? मैं यह देखना पसंद करती हूँ कि जो मेरे पास है, उसका उपयोग कैसे कर सकती हूँ।' यह केवल एक उत्तर नहीं था, उसके जीवन का आधार था। इसका अर्थ ऐसा नहीं है कि वह कभी टूटी नहीं। उसके जीवन में ऐसे क्षण भी आए, जब उसने स्वयं पर विश्वास खो दिया था।

ग्यारह वर्ष की आयु में उसने 'द फ्रॉस्ट किंग' नामक कहानी लिखी। उस समय तक हेलेन लिखना सीख चुकी थी। वह फिंगर-स्पेलिंग, ब्रेल और विशेष लेखन उपकरणों की सहायता से अपने विचार व्यक्त करती थी। बाद में यह माना गया कि जिस कहानी को उसने लिखा था, उसके कुछ अंश संभवतः बचपन में सुनी गई एक कहानी की अनजानी स्मृति से प्रभावित थे। हेलेन को स्वयं यह याद नहीं था कि उसने वह कहानी पहले कभी सुनी थी। यही कारण है कि यह घटना उनके लिए और भी अधिक दुःखद साबित हुई। क्योंकि कुछ लोगों ने आरोप लगाया कि यह किसी अन्य रचना की नकल है।

जब जाँच-पड़ताल हुई, प्रश्न पूछे गए, चर्चाएँ हुईं तब एक छोटी बच्ची के लिए यह अनुभव अत्यंत पीड़ादायक था। हेलेन को लगने लगा कि शायद वह अपने विचारों पर भरोसा ही नहीं कर सकतीं। उसे डर सताने लगा कि कहीं फिर कोई यह न कह दे कि उसके विचार उसके अपने नहीं हैं। कई वर्षों तक यह घटना उसके मन में दबी रही। उसने लेखन से दूरी बना ली। समय के साथ उसने एक महत्वपूर्ण बात समझी। यदि डर के कारण वह लिखना छोड़ देंगी तो अपने जीवन की सबसे बड़ी संभावनाओं में से एक को खो देंगी। धीरे-धीरे उसने फिर से लिखना शुरू किया। आगे चलकर उसने चौदह से अधिक पुस्तकें लिखीं और लाखों लोगों तक अपने विचार पहुँचाएँ।

इस अनुभव ने उसे एक और बात सिखाई। दुनिया में अनेक लोग ऐसे हैं, जिनकी क्षमता किसी कमी के कारण नहीं, अवसरों की कमी के कारण दब जाती है। उसने तय किया कि वह केवल अपने लिए नहीं जीएगी बल्कि उन लोगों की आवाज़ बनेगी, जिनकी आवाज़ अकसर अनसुनी रह जाती है। यही सोच उसे दुनिया

के अलग-अलग देशों तक ले गई। उसने लगभग चालीस देशों की यात्राएँ कीं। उस समय यात्रा करना आज जितना आसान नहीं था। हर देश की भाषा अलग थी, संस्कृति अलग थी, परिस्थितियाँ अलग थीं। फिर भी वह लगातार लोगों से मिलती रही, अपने सहयोगी की मदद से संवाद करती रही और यह संदेश देती रही कि किसी व्यक्ति को उसकी सीमाओं से नहीं, उसकी क्षमताओं से पहचानना चाहिए।

जापान में लाखों लोग हेलेन से मिलने आए। भारत में उसके कार्यक्रमों के लिए लोग घंटों प्रतीक्षा करते थे। भारत की यात्रा उसके जीवन की सबसे भावनात्मक यात्राओं में से एक थी। सन् १९५५ में वह अपनी सहयोगी पॉली थॉम्पसन के साथ भारत आई। देश के प्रमुख नेताओं ने उसका दिल से स्वागत किया। जहाँ भी वह गई, लोग उसे देखने नहीं, उससे जीवन की नई दृष्टि सीखने आते थे। वह केवल सम्मान पाने नहीं आई थी; दृष्टिहीन और श्रवण-बाधित लोगों के लिए अवसर और सम्मान का संदेश लेकर आई थी।

उसने अनेक विद्यालयों और संस्थानों का दौरा किया, लोगों से संवाद किया और बार-बार एक ही बात कही, 'दया नहीं, अवसर दीजिए।' हेलेन के इस संदेश ने अनेक लोगों की सोच बदल दी और भारत में दिव्यांगजनों की शिक्षा एवं पुनर्वास के लिए नए प्रयासों की प्रेरणा बनी। भारत ने उसका स्वागत केवल एक महान अतिथि के रूप में नहीं बल्कि ऐसे व्यक्तित्व के रूप में किया, जिसने अपनी सीमाओं को मानवता की शक्ति में बदल दिया था। सामाजिक कार्यकर्ता और राष्ट्राध्यक्ष उसे मिलना चाहते थे। लोग उसे देखने नहीं आते थे, वे उस जीवन-दृष्टि को समझना चाहते थे, जिसने एक व्यक्ति को इतनी कठिन परिस्थितियों के बावजूद दुनियाभर में आशा का प्रतीक बना दिया था।

इन यात्राओं ने हेलेन के विश्वास को और भी दृढ़ कर दिया कि समाज किसी मनुष्य की सहायता दया से नहीं, अवसर देकर करता है। वह बार-बार लोगों को यही समझाती थी कि सम्मान तभी मिलता है, जब हर मनुष्य को अपनी क्षमता सिद्ध करने का अवसर मिले। यह दृश्य केवल देखनेवालों को आश्चर्यचकित नहीं कर रहा था; मानो हेलेन के पूरे जीवन का प्रतीक बन गया था। जिसने आँखों से संसार नहीं देखा, वही जीवन की दिशा थामे खड़ी थी।

इतनी उपलब्धियों के बावजूद उसने जीवन को केवल काम और संघर्ष तक सीमित नहीं रखा। उसे पानी और नौकायन से विशेष प्रेम था। एक समुद्री यात्रा के दौरान उसे जहाज़ का पहिया संभालने का अवसर मिला। चारों ओर लहरें थीं। हवा बार-बार दिशा बदल रही थी। कप्तान के निर्देश उन्हें स्पर्श के माध्यम से समझाए जा

रहे थे। उसने दोनों हाथों से पहिया पकड़ा और जहाज़ की दिशा नियंत्रित करने लगी। जहाज धीरे-धीरे नई दिशा में मुड़ गया। यह दृश्य देखनेवालों के लिए एक आश्चर्य था लेकिन हेलेन के लिए यह जीवन का एक और अनुभव था। वह उन लोगों में से नहीं थी, जो किनारे बैठकर जीवन को गुजरते हुए देखते हैं। वह उसके बीच उतरकर उसे पूरी तरह जीना चाहती थीं। यही कारण है कि आज भी हेलेन का जीवन केवल संघर्ष की कहानी नहीं माना जाता बल्कि खोज की कहानी बन चुका है।

दरअसल हर इंसान के जीवन में कुछ न कुछ ऐसी दीवारें खड़ी होती हैं, जिन्हें देखकर लगता है कि अब आगे बढ़ना संभव नहीं। पर कुछ लोग दीवारों को देखकर लौटते नहीं, उनमें दरवाजे खोजते हैं। यही दृष्टिकोण साधारण और असाधारण लोगों के बीच का अंतर बनता है। उपलब्धियों का जन्म अकसर सुविधाओं से नहीं, सीमाओं के बीच पैदा हुए साहस से होता है। इसी अनुभव ने हेलेन को यह कहने की प्रेरणा दी थी कि 'दृष्टिहीन होना उतना दुःखद नहीं है, जितना दृष्टि होते हुए भी जीवन का उद्देश्य न होना।' उनका जीवन हमें रुककर यह सोचने के लिए प्रेरित करता है कि क्या हम अपनी ऊर्जा उन चीज़ों पर खर्च कर रहे हैं जो हमारे पास नहीं हैं या उन अवसरों पर जो हमारे सामने मौजूद हैं।

हेलेन ने अपनी परिस्थितियों को अपनी पहचान नहीं बनने दिया। उसने अपने उद्देश्य को अपनी पहचान बनाया। यही कारण है कि उसका जीवन आज भी हमें याद दिलाता है कि इंसान की सबसे बड़ी शक्ति उसके शरीर में नहीं, संकल्प में होती है।

यहाँ एक और बात का खुलासा होना बहुत ज़रूरी है कि जो व्यक्ति बचपन से देख, सुन और बोल नहीं सकता था, उसने बड़े होकर मंचों पर भाषण कैसे दिए और लोगों से संवाद कैसे किया। हेलेन केलर के बात करने, भाषण देने और दूसरों की बात समझने के पीछे कड़ी मेहनत, विशेष तकनीक और उनके सहायकों (दुभाषियों) का बहुत बड़ा हाथ था। उसके संवाद करने के मुख्य तरीके इस तरह थे :

१. दुभाषिया (Interpreter) की भूमिका : हेलेन जब भी किसी सार्वजनिक कार्यक्रम या भाषण में जाती तो उनके साथ हमेशा एक दुभाषिया होता था। ऐनी सुलिवन और पॉली थॉम्पसन ने यह ज़िम्मेदारी संभाली थी।

२. खुद बोलकर भाषण देना (Vocal Speech) : हेलेन जन्म से मूक (गूंगी) नहीं थीं। चूँकि वह १९ महीने की उम्र में बहरी हो गई थी इसलिए दूसरों को सुन नहीं पाईं। इस वजह से बोलना नहीं सीख सकी लेकिन बड़े होने पर उसने बोलने का कड़ा अभ्यास किया।

टैडौमा विधि (Tadoma Method): हेलेन ने दूसरों को बोलना सिखाने के लिए इस स्पर्श-शिल्प तकनीक का उपयोग किया। वह बात करनेवाले व्यक्ति के होंठों, गालों और गले पर अपनी उँगलियों और हाथ रखकर कंपन को महसूस करती कि कौन सा शब्द कैसे बोला जा रहा है। हालाँकि, उनकी आवाज़ थोड़ी भारी और अलग थी, जिसे समझने के लिए उनके दुभाषिए की मदद लेनी पड़ती थी।

३. हैंड-इन-हैंड' वर्णमाला (Manual Alphabet / Fingerspelling) : जब कोई दूसरा व्यक्ति हेलेन से बात करता था या मंच पर उनसे कोई सवाल पूछता था तो दुभाषिया उस सवाल को हेलेन की हथेली पर उँगलियों से छूकर तेजी से समझाता था। हेलेन इसे तुरंत समझ जाती थी और फिर बोलकर या अपनी उँगलियों से ही उसका जवाब देती थी।

४. लिखित भाषणों का तरीका : मंच पर भाषण देते समय हेलेन अकसर नीचे दिए गए तरीकों का पालन करती थी-

ब्रेल लिपि: हेलेन ब्रेल लिपि में तैयार किए गए अपने नोट्स को उँगलियों से छूकर पढ़ती थी और मंच पर बोलती जाती थी।

दुभाषिए का साथ: वह बोलती थी और उनके ठीक बगल में खड़ा दुभाषिया माइक पर उनके वाक्यों को दोहराता था ताकि हॉल में बैठे सभी लोगों को हर एक शब्द साफ-साफ सुनाई दे।

आज पहचानें स्वयं को

१. आज एक कागज़ पर अपनी तीन ऐसी क्षमताएँ लिखिए, जो आपकी मदद कर सकती हैं। ध्यान इस बात पर रखें कि आपके पास क्या है, न कि क्या नहीं है।

२. ऐसा एक काम लिखिए जिसे आप किसी डर, संकोच या पुरानी असफलता के कारण टाल रहे हैं। आज उसे आगे बढ़ाने के लिए एक छोटा सा कदम उठाइए।

३. आज दिनभर जब भी मन किसी कमी या समस्या की शिकायत करे, उसी समय उसके सामने एक संभावित समाधान भी लिखिए।

४. इस सप्ताह कोई एक नया अनुभव चुनिए-कुछ नया सीखना, किसी नए व्यक्ति से बात करना या किसी नई गतिविधि में भाग लेना।

10

हेलेन : प्रेम, पीड़ा और प्रकाश

'जीवन की सबसे सुंदर चीज़ें दिखाई नहीं देतीं,
वे केवल हृदय में अनुभव होती हैं।'

दुनिया हेलेन केलर को साहस, संघर्ष और सफलता की मिसाल के रूप में जानती है। लोग उनकी दृढ़ इच्छाशक्ति की प्रशंसा करते हैं। लेकिन इन सबके पीछे एक ऐसा हृदय भी था जो प्रेम, अपनापन, अकेलेपन, बिछड़न और आशा की गहरी अनुभूतियों से भरा हुआ था।

जब बचपन की बीमारी ने उसकी दृष्टि और श्रवण शक्ति छीन ली तब उसके परिवार के सामने मानो अंधकार छा गया। ऐसे समय में उसकी माँ केट ने हार नहीं मानी। उन्होंने अपनी बेटी के लिए शिक्षा का मार्ग खोजने का साहस किया। वही विश्वास आगे चलकर हेलेन के जीवन की सबसे बड़ी शक्ति बना।

कुछ वर्षों बाद ऐनी सुलिवन उसके जीवन में आईं। उन्होंने केवल हेलेन को शब्दों का अर्थ नहीं सिखाया बल्कि उसे दुनिया से जुड़ना सिखाया। पानी के फव्वारे के पास वॉटर शब्द को समझने का वह प्रसिद्ध क्षण हेलेन के जीवन का नया जन्म था। उसी दिन से दोनों के बीच ऐसा संबंध बना, जो समय के साथ और गहरा होता गया।

वर्षों तक दोनों ने साथ मिलकर जीवन की चुनौतियों का सामना किया। लेकिन समय के साथ ऐनी का स्वास्थ्य बिगड़ने लगा। उनकी आँखों की समस्याएँ बढ़ती गईं। कई बार उनका उपचार करवाना पड़ा। हेलेन ये सब महसूस करती थीं। एक दिन उसने अपनी साथी पॉली थॉमसन से इशारों में कहा कि ऐनी के बिना जीवन

की कल्पना करना भी उसके लिए कठिन है। यह केवल एक शिक्षिका के प्रति सम्मान नहीं था बल्कि उस व्यक्ति के प्रति प्रेम और कृतज्ञता थी।

हेलेन के जीवन में कुछ ऐसे लोग भी आए, जिन्होंने उसकी प्रतिभा को पहचाना। प्रसिद्ध लेखक मार्क ट्वेन उनमें से एक थे। वे हेलेन की बुद्धिमत्ता और जिज्ञासा से इतने प्रभावित हुए कि उन्होंने ऐसे लोगों से उसका परिचय करवाया, जिन्होंने उसकी शिक्षा के लिए आर्थिक सहायता प्रदान की। इस सहयोग ने हेलेन के लिए उच्च शिक्षा के द्वार खोल दिए।

दुनियाभर में यात्रा करते हुए हेलेन हज़ारों लोगों से मिलती थीं। इन सबके बीच कुछ क्षण ऐसे भी आते थे, जब वे स्वयं को अकेला महसूस करती थीं। कार्यक्रम समाप्त होने के बाद जब वे अपने कमरे में लौटती तो चारों ओर सुनापन होता था। उस शांति में वे भी किसी सामान्य इंसान की तरह अपने मन की बातें किसी अपने के साथ बाँटना चाहती थीं।

उसके जीवन का एक भावनात्मक अध्याय पीटर फेगन के साथ जुड़ा हुआ है। पीटर एक युवा पत्रकार और लेखक थे, जो कुछ समय के लिए हेलेन के सचिव और सहायक के रूप में उनके साथ काम करने लगे। उस समय ऐनी सुलिवन अस्वस्थ थीं और उन्हें अतिरिक्त सहायता की आवश्यकता थी। हेलेन और पीटर साथ काम करते हुए एक-दूसरे के निकट आए। पहली बार हेलेन को लगा कि वे भी किसी के साथ एक सामान्य पारिवारिक जीवन जी सकती हैं, अपने सुख-दुःख बाँट सकती हैं और भविष्य के सपने देख सकती हैं।

उस समय का समाज उसकी विकलांगता को देख रहा था, उसके हृदय को नहीं। परिवार और सामाजिक दबावों के कारण यह संबंध आगे नहीं बढ़ सका। बाद में हेलेन ने स्वीकार किया कि यह उसके जीवन की सबसे बड़ी व्यक्तिगत निराशाओं में से एक थी। उसका एक प्रिय सपना अधूरा रह गया। बावजूद उसने अपने दुःख को अपनी पहचान नहीं बनने दिया। जीवन से शिकायत करने के बजाय उसे स्वीकार करना चुना। यही कारण था कि वह दूसरों के दर्द को इतनी गहराई से समझ पाती थी।

जीवन ने उसे एक और गहरा आघात दिया, जब माँ केट का निधन हुआ। बचपन से लेकर सफलता की ऊँचाइयों तक उसकी माँ हर कठिन मोड़ पर उसके साथ खड़ी रही थीं। उनके जाने के बाद हेलेन ने केवल माँ ही नहीं खोई, उस व्यक्ति को खोया जिसने सबसे पहले उसकी क्षमता पर विश्वास किया था। यह ऐसा दुःख था, जिसे उन्होंने शांत मन से अपने भीतर सँभाला।

सबसे बड़ा आघात हेलेन (उम्र ५६) को तब लगा, जब १९३६ में ऐनी सुलिवन (उम्र ७०) भी इस दुनिया से विदा हो गईं। लगभग पचास वर्षों का साथ समाप्त हो गया। हेलेन के लिए यह केवल एक प्रिय व्यक्ति को खोने का दुःख नहीं था, अपने जीवन के उस सहारे को खो देने जैसा था, जिसने उन्हें दुनिया से जोड़ना सिखाया था।

ऐनी के निधन के बाद कुछ समय तक हेलेन गहरे शोक में रही। लेकिन उसने स्वयं को टूटने नहीं दिया। कुछ ही समय बाद अपने सार्वजनिक कार्य फिर शुरू कर दिए। एक कार्यक्रम में उसने कहा कि ऐनी का प्रेम और शिक्षा आज भी उसके साथ है। यह केवल एक श्रद्धांजलि नहीं थी, उनके जीवन-दर्शन की झलक थी। वह जानती थी कि सच्चे संबंध मृत्यु के साथ समाप्त नहीं होते, स्मृतियों और प्रेरणा के रूप में हमारे भीतर जीवित रहते हैं।

यहीं से हमें समझ में आता है कि साहस का अर्थ यह नहीं कि हमें दर्द नहीं होता। साहस का अर्थ है, दर्द के बावजूद आगे बढ़ते रहना।

हेलेन के लिए ईश्वर कोई दूर बैठी हुई शक्ति नहीं था। वह ईश्वर को प्रेम, करुणा और आशा के रूप में अनुभव करती थी। उसका विश्वास था कि जीवन की सबसे सुंदर और सबसे सच्ची चीज़ें आँखों से दिखाई नहीं देतीं। उन्हें केवल हृदय से महसूस किया जा सकता है।

जब बाहरी दुनिया अंधकार से भरी थी तब भी हेलेन के भीतर आशा का दीपक जलता रहा। उसने दिखाया कि मनुष्य को आगे बढ़ानेवाली सबसे बड़ी शक्ति केवल प्रतिभा नहीं होती बल्कि आत्मस्वीकृति, संबंधों का सहारा और भीतर की आस्था होती है। कई बार हम छोटी असफलताओं, अस्वीकृति या आलोचना से ही टूट जाते हैं। हेलेन का जीवन हमें याद दिलाता है कि इंसान अपनी सफलताओं से नहीं, अपने घावों से उठ खड़े होने की क्षमता से महान बनता है।

हेलेन की कहानी केवल संघर्ष की कहानी नहीं है। यह प्रेम की कहानी है, यह विश्वास की कहानी है। यह उन लोगों की कहानी है, जिन्होंने एक बच्ची की संभावनाओं पर भरोसा किया और उसके जीवन को बदल दिया। यह उस स्त्री की कहानी है, जिसने अपने दुःखों को करुणा में और अपनी सीमाओं को प्रेरणा में बदल दिया।

आज पहचानें स्वयं को :

१. यदि आपके जीवन का कोई अधूरा सपना बोल सकता तो वह आज आपसे क्या कहता?

२. अपने किसी ऐसे रिश्ते के बारे में सोचिए, जिसने आपको जीवन का महत्वपूर्ण सबक सिखाया। उस सबक को याद कर लिखें।

३. जब आप किसी बड़े दुःख या निराशा से गुज़रे थे तब आपको आगे बढ़ने की शक्ति कहाँ से मिली थी?

४. अपने जीवन की तीन ऐसी चीज़ें लिखिए, जिन्हें आप आँखों से नहीं देख सकते लेकिन हृदय से महसूस करते हैं।

11

हेल्लेन : सम्मान से कहीं बड़ी पहचान

'सम्मान इंसान को महान नहीं बनाता,
महान जीवन सम्मान को अर्थ देता है।'

एक दिन सम्मान और प्रेरणा के बीच बहस छिड़ गई।

सम्मान ने गर्व से कहा, 'लोग मुझे पाने के लिए वर्षों मेहनत करते हैं। जब मैं किसी को मिलता हूँ तो दुनिया उसका गुणगान करती है।'

प्रेरणा मुस्कराई और बोली, 'यह सच है लेकिन तुम्हारी चमक समय के साथ फीकी पड़ सकती है। मैं उन लोगों के हृदय में जीवित रहती हूँ, जिनके जीवन को किसी ने छू लिया हो।'

'तो क्या तुम स्वयं को मुझसे बड़ा मानती हो?' सम्मान ने रुष्ठ होकर पूछा।

प्रेरणा ने शांत स्वर में उत्तर दिया, 'नहीं। मैं केवल इतना जानती हूँ कि जब कोई महान व्यक्ति इस दुनिया से चला जाता है तब लोग उसके पुरस्कारों को नहीं, उसके प्रभाव को याद रखते हैं।'

यही कारण है कि कुछ लोगों की पहचान उनके सम्मान से नहीं, उनके जाने के बाद भी जीवित रहनेवाले प्रभाव से बनती है। हेलेन केलर ऐसी ही एक असाधारण व्यक्तित्व थीं।

एक विशाल सभागार लोगों से भरा हुआ था। मंच पर एक वृद्ध महिला बैठी थी। कुछ ही क्षणों में उसे अमेरिका का सर्वोच्च नागरिक सम्मान प्रदान किया

जानेवाला था। जैसे ही उसका नाम पुकारा गया, पूरा हॉल तालियों से गूँज उठा।

वह न कोई राष्ट्रपति थीं, न कोई सेनापति और न ही कोई उद्योगपति, वह थीं, हेलेन केलर।

उस क्षण यदि कोई हेलेन के मन को पढ़ पाता तो उसे पदक की चमक दिखाई नहीं देती। उसे दिखाई देती एक छोटी बच्ची, जो कभी अपने ही घर में क्रोध और निराशा से जूझ रही थी। उसे दिखाई देती एक माँ, जिसने हार मानने से इनकार कर दिया था। उसे दिखाई देती ऐनी सुलिवन, जिन्होंने एक बंद दुनिया का द्वार खोल दिया था।

हेलेन जानती थी, यह सम्मान केवल उसका नहीं था। यह उन सभी लोगों का सम्मान था, जिन्होंने एक ऐसे इंसान पर विश्वास किया था, जिसे कभी असंभव समझा गया था। यही कारण था कि जीवनभर मिले सम्मान उन्हें कभी अहंकारी नहीं बना सकें। वह जितनी बड़ी होती गईं, उतनी ही विनम्र होती गईं।

हेलेन ने जब अपनी शिक्षा पूरी की, पुस्तकें लिखीं और सार्वजनिक जीवन में कदम रखा तब दुनिया ने उसे एक असाधारण उपलब्धि के रूप में देखना शुरू किया। लेकिन उसकी दृष्टि केवल अपनी सफलता तक सीमित नहीं थी। वह चाहती थीं कि समाज उन लोगों को भी अवसर दे, जिन्हें अकसर उनकी शारीरिक सीमाओं के कारण कम आँका जाता था।

उसने दृष्टिबाधित और श्रवणबाधित लोगों के अधिकारों के लिए कार्य किया। अस्पतालों, विद्यालयों और संस्थाओं का दौरा किया। वह लोगों को यह समझाने का प्रयास करती कि किसी इंसान की क्षमता का निर्णय उसकी परिस्थितियाँ नहीं, उसका साहस और प्रयास करते हैं। धीरे-धीरे लोग उनके शब्दों से अधिक उसके जीवन को सुनने लगे, जो एक संदेश बन गया था।

सन १९२५ में लायन्स क्लब इंटरनैशनल के एक सम्मेलन में उसने दृष्टिबाधित लोगों के लिए व्यापक कार्य करने की भावपूर्ण अपील की। उसके शब्दों ने हज़ारों लोगों को प्रभावित किया और आगे चलकर यह एक वैश्विक अभियान का आधार बना। लोगों ने उसे 'अंधकार के विरुद्ध लढ़नेवाला योद्धा' कहकर संबोधित किया।

हेलेन ने अपने लिए प्रकाश नहीं माँगा था। वह दूसरों के जीवन में अवसर और आशा का प्रकाश पहुँचाने का प्रयास कर रही थीं। इसी कारण लोग उसे केवल एक सफल महिला के रूप में नहीं, एक उद्देश्य के रूप में देखने लगे थे।

समय बीतता गया। हेलेन की ख्याति सीमाओं और देशों की सरहदों को पार करने लगी। जापान सहित अनेक देशों में उसका स्वागत अत्यंत सम्मान के साथ किया गया। लाखों लोग उन्हें देखने और सुनने के लिए उमड़ पड़ते लेकिन हेलेन के लिए यह लोकप्रियता का विषय नहीं था। वह जानती थी कि लोग किसी चमत्कार को देखने नहीं आए हैं। वे यह देखने आए हैं कि मनुष्य का साहस परिस्थितियों से कितना बड़ा हो सकता है।

अनेक माता-पिता अपने बच्चों को लेकर उनसे मिलने आते थे। कुछ बच्चों को देखने में कठिनाई थी, कुछ सुन नहीं सकते थे और कुछ जीवन की अन्य चुनौतियों से जूझ रहे थे। उन माता-पिताओं की आँखों में एक प्रश्न होता था- क्या हमारे बच्चे का भविष्य भी उज्ज्वल हो सकता है? और हेलेन का पूरा जीवन उस प्रश्न का उत्तर बन चुका था।

सन १९६४ में उन्हें अमेरिका का सर्वोच्च नागरिक सम्मान, Presidential Medal of Freedom, प्रदान किया गया। यह किसी भी अमेरिकी नागरिक के लिए अत्यंत प्रतिष्ठित सम्मान माना जाता है।

जब राष्ट्रपति ने उसे सम्मानित किया तब वह केवल एक व्यक्ति का सम्मान नहीं था। वह उन सभी लोगों की विजय का प्रतीक था, जिन्हें कभी समाज ने सीमाओं के कारण कमतर समझा था। वह उस छोटी बच्ची की विजय थी, जिसे कभी शिक्षा के योग्य नहीं माना गया था लेकिन यदि कोई स्वयं हेलेन से पूछता कि उनका सबसे बड़ा सम्मान क्या है तो संभवतः उनका उत्तर किसी पदक या उपाधि का नाम नहीं होता। उसका सबसे बड़ा सम्मान वह क्षण होता, जब कोई उससे मिलकर कहता, 'आपकी कहानी ने मुझे हार मानने से बचा लिया।'

पदक धातु से बने होते हैं लेकिन विश्वास मनुष्य के हृदय में जन्म लेता है और हृदय में जन्मा विश्वास किसी भी पुरस्कार से अधिक मूल्यवान होता है।

जीवन में उसे अनेक सम्मान मिले। विश्वविद्यालयों ने मानद उपाधियाँ प्रदान कीं। संस्थाओं और सरकारों ने उसे सम्मानित किया। उसके नाम पर स्मारक बने लेकिन समय के साथ उसने दुनिया को एक महत्वपूर्ण बात समझाई- 'पुरस्कार किसी व्यक्ति की उपलब्धियों को पहचान सकते हैं, जबकि उसके जीवन का वास्तविक मूल्य उसके प्रभाव से तय होता है।'

कल्पना कीजिए, किसी इंसान के सभी प्रमाण-पत्र, पुरस्कार और पदक एक दिन गायब हो जाएँ तब उसकी पहचान किस आधार पर होगी?

क्या लोग उसे उसके पदों या पदकों के कारण याद करेंगे?

क्या लोग उसे उसकी प्रसिद्धि के कारण याद करेंगे? शायद नहीं।

लोग उसे इस बात के लिए याद करेंगे कि उसने उनके जीवन में कैसी प्रेरणा जगाई–

क्या उसने किसी निराश इंसान को आशा दी?

क्या उसने किसी को स्वयं पर विश्वास करना सिखाया?

क्या उसने किसी के जीवन की दिशा बदलने में योगदान दिया?

यही वे बातें हैं जो समय की कसौटी पर टिकती हैं।

आज हम ऐसे समय में जी रहे हैं, जहाँ सफलता को अकसर पद, धन, लोकप्रियता और पुरस्कारों से तोला जाता है। सोशल मीडिया पर फॉलोअर्स की संख्या सफलता का मापदंड बन जाती है। प्रशंसा मिलने पर हम प्रसन्न हो जाते हैं और आलोचना मिलने पर निराश लेकिन हेलेन का जीवन हमें एक अलग दृष्टि देता है।

पुरस्कार समय के साथ धूल खा सकते हैं। स्मारक पुराने पड़ सकते हैं। प्रसिद्धि भी धीरे-धीरे फीकी पड़ सकती है। वहीं किसी इंसान द्वारा जगाया गया विश्वास, दिया गया साहस और छोड़ी गई सकारात्मक विरासत वर्षों तक जीवित रहती है।

यही कारण है कि आज भी दुनिया हेलेन केलर को केवल उसके सम्मानों के कारण याद नहीं करती। लोग उसे इसलिए याद करते हैं क्योंकि उन्होंने अनगिनत लोगों को यह विश्वास दिलाया कि परिस्थितियाँ चाहे कितनी भी कठिन क्यों न हों, मनुष्य उनसे बड़ा हो सकता है, उसकी सोच बड़ी हो सकती है।

जीवन के अंत में यह प्रश्न महत्वपूर्ण नहीं रह जाता कि हमने कितनी प्रसिद्धि अर्जित की या कितने लोग हमें जानते थे। महत्वपूर्ण यह होता है कि हमारे कारण कितनों ने हार मानने की बजाय आगे बढ़ने का साहस पाया।

हेलेन की सबसे बड़ी पहचान वह अमिट प्रभाव था, जो उसने लाखों लोगों के जीवन पर छोड़ा और शायद यही किसी भी जीवन की सर्वोच्च उपलब्धि है– जब इंसान चला जाए लेकिन उसकी प्रेरणा और उसका प्रभाव लोगों के जीवन में जीवित रहे।

आज पहचानें स्वयं को :

१. यदि आपके जीवन की सभी उपलब्धियाँ, पुरस्कार और पद हटा दिए जाएँ तो आपकी पहचान किस आधार पर बचेगी?

२. आपके व्यवहार, शब्दों या कार्यों से अब तक कितनों को सकारात्मक दिशा, साहस या प्रेरणा मिली है?

३. यदि आपके कार्य की कभी सार्वजनिक प्रशंसा न हो तो भी आप कौन सा काम पूरे समर्पण और निष्ठा से करते रहेंगे?

४. आज आप ऐसा क्या कर रहे हैं कि वर्षों बाद भी लोग आपको इस प्रभाव या योगदान के लिए याद रखेंगे?

12

हेलेन केलर : एक सफल जीवन का अंतिम उपहार

'समय हर जीवन का अंत लिखता है लेकिन कुछ लोग
अपने कर्मों से ऐसा परिचय लिख जाते हैं,
जिसे समय भी मिटा नहीं पाता।'

हेलेन ने क्या उत्तर दिया? जीवन के अंत में मनुष्य के सामने एक अनोखा न्यायालय खुलता है। यह न्यायालय किसी अदालत का नहीं होता। यहाँ कोई न्यायाधीश नहीं होता, कोई गवाह नहीं होता और न ही कोई सज़ा सुनाई जाती है। यह मनुष्य का अपना विवेक (ज़मीर) होता है। वहीं बैठकर वह अपने पूरे जीवन को देखता है।

उसे याद आते हैं वे सपने, जिन्हें उसने कभी सच करने का प्रयास किया था। वे लोग याद आते हैं, जिन्होंने उसका साथ दिया था। वे संघर्ष याद आते हैं, जिनके कारण वह कई बार टूटने के कगार पर पहुँचा था। वे अवसर भी याद आते हैं, जब वह परिस्थितियों के आगे झुक सकता था लेकिन उसने आगे बढ़ना चुना।

उस समय जीवन एक प्रश्न पूछता है, **'जो सुनहरा समय पृथ्वी पर तुम्हें मिला था, तुमने उसका क्या किया?'**

हेलेन ने इस प्रश्न का उत्तर अपने जीवन से दिया। उसे ऐसी परिस्थितियाँ मिली, जिन्हें अधिकांश लोग अभिशाप मान लेते लेकिन उसने उन्हें ही अपने विकास, सेवा और प्रेरणा का आधार बना लिया। यही कारण है कि उसके जीवन को केवल एक जीवनी नहीं बल्कि मानवीय संभावनाओं का अद्भुत चमत्कार माना जाता है।

वह एक ऐसी बच्ची थी, जो उन्नीस महीने की आयु में दृष्टि और श्रवण शक्ति खो बैठी... एक ऐसी युवती बनी, जिसने संवाद के अंधकार से निकलकर शिक्षा के सर्वोच्च द्वार तक पहुँचने का साहस किया... एक ऐसी महिला बनी, जिसने अपनी सीमाओं को लाखों लोगों की प्रेरणा में बदल दिया... और एक ऐसा व्यक्तित्व बनी, जिसने यह सिद्ध कर दिखाया कि मनुष्य की सबसे बड़ी शक्ति उसकी परिस्थितियों में नहीं, उसके संकल्प में होती है।

अब उसकी लंबी यात्रा संध्या की ओर बढ़ रही थी। वर्षों तक दुनियाभर में घूमकर लोगों को आशा, साहस और आत्मविश्वास का संदेश देनेवाली हेलेन अब पहले की तुलना में अधिक शांत जीवन जी रही थीं। उम्र बढ़ने के साथ-साथ उसका शरीर पहले जैसा साथ नहीं दे रहा था। लंबी यात्राएँ उन्हें थका देती थी। सार्वजनिक कार्यक्रमों में भाग लेना उसके लिए कठिन होता जा रहा था लेकिन यह ठहराव निराशा का नहीं था। यह उस यात्री का विश्राम था, जिसने अपना रास्ता पूरी शिद्दत से, पूरे दिल से तय किया हो।

जीवन के इस पड़ाव पर पहुँचकर मनुष्य की दृष्टि अंदर की ओर मुड़ने लगती है। उपलब्धियों की सूची छोटी पड़ जाती है और अनुभवों का अर्थ बड़ा हो जाता है। मनुष्य यह नहीं सोचता कि उसने कितना पाया बल्कि यह समझने की कोशिश करता है कि उसने अपने जीवन को कितना सार्थक बनाया। हेलेन के जीवन में भी यह समय आ चुका था।

एक और गहरा बिछड़न

जीवन ने हेलेन की परीक्षा केवल बचपन में ही नहीं ली थी। अंतिम वर्षों में भी उसे एक ऐसा दुःख सहना पड़ा, जिसने उसके मन को गहराई से छुआ। यह दुःख था पॉली थॉमसन के बिछड़ने का।

ऐनी सुलिवन का नाम तो दुनिया जानती है लेकिन पॉली थॉमसन का योगदान भी हेलेन के जीवन में अत्यंत महत्वपूर्ण था। स्कॉटलैंड में जन्मी पॉली १९१४ में हेलेन और ऐनी के साथ सचिव के रूप में जुड़ी थीं। धीरे-धीरे उनका संबंध केवल काम तक सीमित नहीं रहा। वे हेलेन के परिवार का हिस्सा बन गईं।

उन्होंने हस्त-संकेतों की भाषा सीखी, हेलेन के पत्राचार में सहायता की, यात्राओं का प्रबंधन किया और हर परिस्थिति में उसका साथ निभाया। ऐनी सुलिवन के निधन के बाद पॉली ही हेलेन की सबसे निकट सहयोगी, मित्र और सहारा बन

गईं। लगभग चार दशकों तक वे हेलेन के जीवन की अभिन्न साथी रहीं। १९६० में पॉली थॉमसन का निधन हो गया। यह केवल एक सहयोगी को खोने का दुःख नहीं था। यह उस व्यक्ति को खोने का दुःख था, जिसने उसके जीवन के सबसे महत्वपूर्ण वर्षों को उसके साथ जीया था। जिसने संघर्ष भी देखे थे और सफलताएँ भी।

पॉली के जाने के बाद हेलेन का संसार और अधिक शांत हो गया लेकिन उसने इस दुःख को भी शिकायत में नहीं बदला। वह जानती थीं कि जीवन का एक नियम परिवर्तन और बिछड़ना भी है। जिन लोगों से हमें प्रेम मिलता है, वे हमेशा हमारे साथ नहीं रहते लेकिन उनका अस्तित्व हमारे अंदर जीवित रहता है।

अब उसका अधिकांश समय घर पर बीतने लगा। वह लोगों के पत्र पढ़तीं, उत्तर देतीं और जहाँ संभव होता, लोगों को प्रेरणा और प्रोत्साहन भेजतीं। हेलेन का उद्देश्य वही था, केवल कार्य करने का तरीका बदल गया था।

इन वर्षों में प्रकृति उसके लिए एक विशेष साथी बन गई। वह फूलों के रंग नहीं देख सकती थी लेकिन उनकी पंखुड़ियों की कोमलता महसूस कर सकती थी। वह पक्षियों का गीत नहीं सुन सकती थी लेकिन हवा के स्पर्श, मौसम के बदलाव और वातावरण के कंपन को महसूस कर सकती थी। धूप की गर्माहट, वर्षा की नमी और हवा की हल्की थिरकन, उसके लिए प्रकृति का संवाद बन चुके थे।

जिस संसार को अधिकांश लोग आँखों से देखते हैं, हेलेन उसे अनुभवों से जीती थी। संभव है कि इन शांत क्षणों में उसका मन कभी-कभी अपनी पूरी जीवन-यात्रा की ओर लौट जाता होगा। उसे वह छोटी बच्ची याद आती होगी, जो कभी अपने ही अंधकार में कैद थी। उसे वह दिन याद आता होगा, जब ऐनी सुलिवन ने उनके हाथ पर बहते पानी के साथ 'वॉटर' शब्द का अर्थ समझाया था। उसे अपनी माँ का विश्वास याद आता होगा, जिसने कभी आशा नहीं छोड़ी। उसे ऐनी सुलिवन का समर्पण याद आता होगा, जिन्होंने अपना जीवन उसकी शिक्षा और विकास के लिए समर्पित कर दिया था।

उसे वे हज़ारों लोग याद आते होंगे, जिनसे वह वर्षों की यात्राओं में मिली थीं और उन्हें किसी न किसी रूप में स्पर्श किया था। इन स्मृतियों के बीच उसे एक बात और स्पष्ट दिखाई देती होगी- जीवन का वास्तविक मूल्य उपलब्धियों की संख्या में नहीं, उनके प्रभाव में है।

दुनिया हेलेन को अनेक उपलब्धियों के लिए याद करती है लेकिन यदि

सफलता केवल पुरस्कारों का नाम होती तो बहुत से लोग जीवन के अंत में संतुष्ट दिखाई देते। वास्तविक सफलता कुछ और है। वास्तविक सफलता तब है, जब आपका जीवन किसी और के जीवन का प्रकाश बन जाए।

हेलेन की सबसे बड़ी उपलब्धि कोई पदक या सम्मान नहीं थी। उसकी सबसे बड़ी उपलब्धि थी- अपनी कठिनाइयों को बहानों से ऊपर उठाकर, एक संदेश में बदल देना। उसने दुनिया को यह विश्वास दिलाया कि परिस्थितियाँ चाहे जितनी कठिन हों, मनुष्य उनसे बड़ा हो सकता है, उसकी सोच हमेशा आसमान को छू सकती है।

अंतिम विदाई

१९६० के दशक तक पहुँचते-पहुँचते उसका स्वास्थ्य काफी कमजोर हो चुका था। उसे कई बार स्ट्रोक (मस्तिष्काघात) आया, जिस कारण उनकी शारीरिक गतिविधियाँ सीमित हो गई। अब वह पहले की तरह सार्वजनिक जीवन में सक्रिय नहीं रह पाती थी। अधिकांश समय वह अपने घर में विश्राम करती थी लेकिन उनके विचारों की ऊर्जा, लोगों के प्रति उसकी करुणा और प्रेम अब भी जीवित था।

फिर वह दिन भी आया जब उसकी लंबी और प्रेरणादायक यात्रा अपने अंतिम पड़ाव पर पहुँची। १ जून १९६८ की सुबह, अमेरिका के कनेक्टिकट राज्य में स्थित अपने घर में, ८७ वर्ष की आयु में, हेलेन ने नींद में शांतिपूर्वक अवस्था में दुनिया से विदा ली।

जिस स्त्री ने जीवनभर संघर्षों का सामना किया था, उसने संसार को उसी शांति से विदा कहा, जिस शांति को उसने अपने अंदर विकसित कर लिया था।

उसका शरीर शांत हो गया, जीवन नहीं। कुछ लोग अपने जीवनकाल तक ही जीवित रहते हैं। कुछ लोग अपने विचारों के कारण समय की सीमाओं से परे निकल जाते हैं। हेलेन केलर उन्हीं लोगों में से एक थीं।

उसके निधन के बाद उसकी राख अमेरिका के वॉशिंगटन स्थित नेशनल कैथेड्रल में रखी गई। विशेष बात यह है कि उसकी राख आज भी उसकी जीवन-यात्रा की दो सबसे महत्वपूर्ण साथियों- ऐनी सुलिवन और पॉली थॉमसन की राख के साथ ही रखी गई है। यह केवल एक औपचारिक व्यवस्था नहीं बल्कि उन गहरे संबंधों का प्रतीक है, जिन्होंने हेलेन के जीवन को आकार दिया था।

आज हेलेन केलर की स्थूल देह हमारे बीच नहीं है लेकिन वह हर उस इंसान में जीवित है, जो कठिन परिस्थितियों के बावजूद हार नहीं मानता। वह हर उस विद्यार्थी में जीवित है, जो सीमित साधनों के बावजूद सीखना चाहता है। वह हर उस स्त्री में जीवित है, जो कमजोरी को अपनी पहचान नहीं बनने देती।

जब कोई अपनी परिस्थितियों से निराश होकर बैठ जाता है तब हेलेन का जीवन उसे याद दिलाता है कि अंधकार हमेशा बाहर नहीं होता। कई बार सबसे बड़ा अंधकार मन की हार में छिपा होता है और सबसे बड़ा प्रकाश मन के साहस में।

जीवन ने हेलेन से दृष्टि छीन ली, श्रवण शक्ति छीन ली, बोलने की सहजता छीन ली। कई प्रियजनों को उनसे दूर कर दिया लेकिन जीवन उसकी जिज्ञासा, कृतज्ञता, साहस, प्रेम, विश्वास नहीं छीन सका।

यही एक सफल जीवन का अंतिम उपहार है। जब संघर्ष शिकायत नहीं, सीख बन जाए... जब उपलब्धियाँ अहंकार नहीं, प्रेरणा बन जाए... जब संबंध अपेक्षा नहीं, कृतज्ञता बन जाए... और जब मनुष्य अपने जीवन को देखकर संतोष से कह सके- 'मेरे जीवन की पहचान मेरी परिस्थितियाँ नहीं, उनके प्रति मेरा उत्तर (प्रतिसाद) था।'

आज पहचानें स्वयं को :

१. यदि आज आप अपने जीवन को पीछे मुड़कर देखें तो कौन से लोग और अनुभव आपके प्रति कृतज्ञता का भाव जगाते हैं?

२. आपके जीवन की कौन सी कठिनाई बाद में आपके लिए विकास का कारण बनी?

३. यदि आप चाहते हैं कि आपके जीवन की कहानी आनेवाली पीढ़ियाँ पढ़ें तो वे आपसे कौन सा जीवन-पाठ सीखना चाहेंगे?

४. आज ऐसा कौन सा कार्य कर सकते हैं, जिससे भविष्य में अपने जीवन को देखकर आप अधिक संतोष महसूस कर सकेंगे?

खण्ड 2

ऐनी सुलिवन की दृष्टि से हेलेन का जीवन

13

वह शिक्षिका जिसने इतिहास बदल दिया

'कभी-कभी एक इंसान का विश्वास
दूसरे इंसान का पूरा भविष्य बदल देता है।'

दुनिया इतिहास बनानेवालों को याद रखती है लेकिन इतिहास की एक और सच्चाई भी है।

हर महान उपलब्धि के पीछे कोई ऐसा इंसान होता है, जो मंच पर दिखाई नहीं देता। वह तालियों का पात्र नहीं बनता। उसके नाम पर स्मारक नहीं बनते। फिर भी उसकी भूमिका इतनी गहरी होती है कि उसके बिना पूरी कहानी अधूरी रह जाती है।

हेलेन केलर की कहानी में ऐसा ही एक नाम था-ऐनी सुलिवन।

दुनिया हेलेन को जानती है। उसके साहस, उपलब्धियों और संघर्षों की चर्चा करती है लेकिन बहुत कम लोग उस महिला को जानते हैं, जिसने एक दिन एक छोटी सी बच्ची का हाथ थामा, फिर जीवनभर उसका साथ नहीं छोड़ा। वे केवल एक शिक्षिका नहीं थीं बल्कि ऐसी शिल्पकार थीं, जो एक व्यक्तित्व को गढ़ रही थीं।

मार्च १८८७ की सुबह, एक युवा महिला अलबामा के टस्कम्बिया नगर में स्थित केलर परिवार के घर पहुँची। ऐनी के हाथ में कोई चमत्कार नहीं था, न कोई जादुई समाधान था। उनके पास था केवल धैर्य, समझ और एक ऐसा दृष्टिकोण, जो कठिन परिस्थितियों के पार भी देख सकता था।

उस समय वहाँ मौजूद किसी व्यक्ति ने यह नहीं सोचा होगा कि यह मुलाकात

इतिहास की सबसे प्रेरणादायक साझेदारियों में से एक बननेवाली है।

ऐनी उस बच्ची से मिलने आई थीं, जो न देख सकती थी, न सुन सकती थी और न ही अपने मन की बात दूसरों तक पहुँचा सकती थी। ऐनी ने उस बच्ची में वह नहीं देखा, जो बाकी लोग देख रहे थे। जहाँ अधिकांश लोग एक समस्या देख रहे थे, वहाँ ऐनी एक ऐसे जीवन को देख रही थीं, जिसे दिशा की आवश्यकता थी।

महान शिक्षक वह होता है, जो किसी को स्वयं अपने उत्तर खोजने योग्य बना दे। ऐनी सुलिवन में यही विशेषता थी। वे हेलेन के लिए रास्ता नहीं बनाना चाहती थीं बल्कि उसे रास्ता बनाना सिखाना चाहती थीं। यही कारण था कि उनका योगदान केवल शिक्षा तक सीमित नहीं रहा।

ऐनी ने हेलेन को शब्द सिखाए लेकिन उससे भी अधिक महत्वपूर्ण उसे संसार से जुड़ना सिखाया। उन्होंने अनुशासन सिखाया लेकिन उससे भी अधिक महत्वपूर्ण था अपने भीतर की शक्ति पहचानना सिखाया। उन्होंने सहायता दी लेकिन हेलेन की निर्भरता नहीं बढ़ाई। वे जानती थीं कि सच्ची शिक्षा किसी को दूसरे के सहारे खड़ा करना नहीं बल्कि उसे स्वयं खड़ा होने योग्य बनाती है।

इतिहास में कई बार ऐसा हुआ है कि किसी महान व्यक्ति की सफलता के पीछे एक गुरु की दूरदृष्टि रही है। चंद्रगुप्त मौर्य के पीछे चाणक्य थे, स्वामी विवेकानंद के पीछे रामकृष्ण परमहंस थे। उसी प्रकार हेलेन केलर के पीछे ऐनी सुलिवन थीं। अंतर केवल इतना था कि ऐनी को किसी साम्राज्य या संगठन का निर्माण नहीं करना था। उन्हें एक ऐसे मन तक पहुँचना था, जो अंधकार और सन्नाटे में कैद था।

इतिहास पर यदि नज़र डालें तो एक रोचक बात दिखाई देती है। हम महान वैज्ञानिकों, नेताओं, कलाकारों और विचारकों को याद रखते हैं मगर उनके पीछे खड़े शिक्षकों या मार्गदर्शकों को अकसर भूल जाते हैं। जबकि कई बार वे ही लोग किसी महान जीवन की नींव रखते हैं। वे बीज बोते हैं, जिसका फल दुनिया वर्षों बाद देखती है। ऐनी सुलिवन भी ऐसा ही एक बीज बो रही थीं।

यही कारण था कि ऐनी और हेलेन का संबंध साधारण शिक्षिका और विद्यार्थी का नहीं रहा। वह दो यात्रियों का संबंध बन गया, जो एक ही दिशा में आगे बढ़ रहे थे।

ऐनी दूसरों के जीवन में प्रकाश बाँटने से पहले स्वयं कठिन अंधेरों से होकर गुज़री थीं। उनका अपना बचपन संघर्षों से भरा था। उन्होंने अभाव, अकेलापन तथा

बीमारी देखी थी और जीवन की कठोरता को बहुत कम उम्र में महसूस किया था। इसी कारण वे पीड़ा की भाषा समझती थीं। जो व्यक्ति स्वयं कठिन रास्तों पर चला हो, वही दूसरे के लड़खड़ाते कदमों को बेहतर समझ पाता है।

ऐनी ने हेलेन पर दया नहीं की, न ही उसे कमजोर माना बल्कि ऐनी ने उससे अपेक्षाएँ रखीं, उसे चुनौती दी। गलतियों पर रोका और हर बार उसे थोड़ा और आगे बढ़ने के लिए प्रेरित किया। कुछ ही समय बाद यह कार्य ऐनी के लिए केवल एक नौकरी नहीं रहा, उनके जीवन का उद्देश्य बन गया।

ऐनी ने हेलेन को गढ़ने में केवल अपना कीमती समय नहीं दिया था, सुविधाओं का त्याग करके, अपनी ऊर्जा दी थी, धैर्य दिया था। किसी इंसान के विकास में वर्षों तक साथ बने रहना आसान नहीं होता परंतु ऐनी ने यह किया। यही वह अंतर था, जिसने एक असहाय बच्ची को विश्व-प्रसिद्ध व्यक्तित्व बनने की दिशा में आगे बढ़ाया।

आज जब हम हेलेन की उपलब्धियों को देखते हैं तब हमें यह भी याद रखना चाहिए कि महान व्यक्तित्व अकेले नहीं बनते। उसके पीछे किसी का त्याग और निःस्वार्थ समर्पण छिपा होता है। हेलेन के जीवन में वह शक्ति ऐनी सुलिवन थीं लेकिन इस कहानी का सबसे रोचक पक्ष अभी बाकी है।

दुनिया ने ऐनी सुलिवन को उस शिक्षिका के रूप में जाना, जिसने हेलेन का जीवन बदल दिया। पर एक प्रश्न अभी भी शेष है। वह युवती स्वयं इतनी दृढ़ कैसे बनी? उसने वह धैर्य कहाँ से पाया, जिसने कभी हार नहीं मानी? उसने वह दृष्टि कहाँ से पाई, जो एक निराश और क्रोधित बच्ची के भीतर छिपे भविष्य को देख सकी? इसका उत्तर उसके अपने जीवन में छिपा था क्योंकि कई बार जो इंसान दूसरों के जीवन में प्रकाश लाता है, वह स्वयं लंबे समय तक अंधेरों से होकर गुज़रा होता है।

आइए, उस समर्पित महिला की जीवन-यात्रा को जानें, जिसने केवल एक छात्रा को शिक्षित नहीं किया बल्कि उसके भीतर छिपी संभावनाओं को जगाकर, दुनिया को एक ऐसी प्रेरणा दी, जिसका प्रकाश आज भी अनगिनत जीवनों का मार्गदर्शन कर रहा है।

आज पहचानें स्वयं को :

१. जब किसी का व्यवहार कठिन या नकारात्मक होता है तो मैं उसके व्यवहार के पीछे छिपे संघर्ष को देखने की कितनी कोशिश करता हूँ?

२. मेरे जीवन में कौन सी ऐसी कठिनाई रही है, जिसने मुझे दूसरों के दर्द और संघर्ष को बेहतर ढंग से समझना सिखाया?

३. मैंने कब किसी व्यक्ति के बारे में ऐसी राय बना ली थी, जो बाद में गलत साबित हुई?

४. मेरे जीवन के कौन से संघर्ष आज मेरी सबसे बड़ी शक्ति या समझ का स्रोत बने हुए हैं?

14

ऐनी सुलिवन का संघर्षमय बचपन

'कुछ आवाज़ें बहुत धीमी होती हैं,
लेकिन वे ही जीवन की दिशा बदल देती हैं।'

एक दिन आश्रय-गृह में कुछ अधिकारी निरीक्षण के लिए आए थे। वहाँ खड़ी एक कमज़ोर दृष्टिवाली किशोरी ने हिम्मत जुटाई और उनके सामने जाकर कहा, 'मैं स्कूल जाना चाहती हूँ।' यह केवल एक इच्छा नहीं थी। यह उस बच्ची की पुकार थी, जिसने बहुत छोटी उम्र में जीवन का कठोर चेहरा देख लिया था।

वह माँ को खो चुकी थी। पिता का सहारा छूट चुका था। उनका छोटा भाई भी अब उनके साथ नहीं था। उनके हिस्से में बचपन की सहजता नहीं बल्कि अभाव, बीमारी और अकेलापन आया था। फिर भी उनमें एक ज़िद अब तक जीवित थी- वह पढ़ना चाहती थी, सीखना चाहती थी, अपने लिए क्वॉलिटी लाईफ चाहती थी।

उस दिन ऐनी सुलिवन ने केवल एक स्कूल नहीं माँगा था; उन्होंने जीवन से अपने हिस्से का अवसर माँगा था लेकिन वहाँ तक पहुँचने से पहले उन्हें बहुत कुछ खोना पड़ा था।

ऐनी सुलिवन का जन्म १४ अप्रैल १८६६ को अमेरिका के मैसाचुसेट्स राज्य में एक गरीब आयरिश प्रवासी परिवार में हुआ था। उनका घर अभावों से घिरा हुआ था। वहाँ स्थिरता कम थी, चिंता अधिक। बीमारी और तंगी जैसे परिवार के साथ-साथ चल रही थीं। जीवन की शुरुआत ही ऐसी जगह से हुई, जहाँ रोज़मर्रा का संघर्ष किसी असाधारण घटना की तरह नहीं बल्कि सामान्य बात की तरह मौजूद था।

ऐनी बचपन से ही तेज़ दिमाग, तीखे स्वभाव और दृढ आत्मसम्मानवाली बच्ची थीं। वे चुपचाप सब कुछ सह लेनेवालों में से नहीं थीं। उनके अंदर एक बेचैनी थी, जैसे मन बार-बार कह रहा हो कि जीवन को केवल सहना ही उसका अंतिम अर्थ नहीं हो सकता।

छोटी उम्र में ही उनकी आँखों में ट्रैकोमा नामक बीमारी हो गई। धीरे-धीरे उनकी दृष्टि कमज़ोर होने लगी। चीज़ें धुँधली दिखतीं, पढ़ना कठिन हो जाता और आँखों में लगातार तकलीफ़ बनी रहती। उस समय चिकित्सा सुविधाएँ सीमित थीं और गरीब परिवारों के लिए इलाज कराना आसान नहीं था। बीमारी केवल शरीर पर नहीं बल्कि पूरे बचपन पर असर डाल रही थी।

इसी बीच घर की सबसे बड़ी चिंता उनकी माँ की बीमारी थी। ऐनी की माँ एलिस सुलिवन लंबे समय से क्षय रोग से पीड़ित थीं। छोटी ऐनी उन्हें दिन-ब-दिन कमज़ोर होते देख रही थीं। घर में अभाव था, इलाज अधूरा था और असहायता गहराती जा रही थी। जब ऐनी लगभग आठ वर्ष की थीं तब उनकी माँ का निधन हो गया।

माँ के जाने के बाद घर का संतुलन जैसे पूरी तरह टूट गया। बच्चे जब छोटे होते हैं तब माँ केवल परिवार का एक सदस्य नहीं होती; वह उनके लिए सुरक्षा, अपनेपन और भरोसे का पहला संसार होती है। ऐनी के जीवन से यह संसार बहुत जल्दी छिन गया।

माँ की मृत्यु के बाद परिवार और अधिक बिखर गया। उनके पिता थॉमस सुलिवन शराब पीते थे और परिवार की जिम्मेदारियाँ ठीक से नहीं निभा पाते थे। कुछ समय बाद उन्होंने भी बच्चों का साथ लगभग छोड़ दिया। अब ऐनी और उनके छोटे भाई जिमी के पास एक-दूसरे के सिवा कोई नहीं था।

आखिरकार दोनों बच्चों को ट्यूक्सबरी आल्म्सहाउस भेज दिया गया। यह एक ऐसा आश्रय-गृह था, जहाँ गरीब, बीमार, अनाथ और असहाय बच्चे रखे जाते थे। वहाँ का वातावरण किसी बच्चे के लिए घर जैसा नहीं था। वहाँ उपेक्षा थी, कठोरता थी, बीमारी थी और वह थकान थी, जो मनुष्य को धीरे-धीरे भीतर से चुप करा देती है।

ऐनी के लिए यह जगह केवल रहने की मजबूरी नहीं थी; उनके बचपन की सबसे कठिन परीक्षा थी। इस कठिन जीवन में उनका छोटा भाई जिमी ही उनका सबसे बड़ा सहारा था। ऐनी उससे बहुत प्रेम करती थीं। वे स्वयं अपनी आँखों की

तकलीफ से जूझ रही थीं, फिर भी भाई के प्रति उनका लगाव उन्हें भीतर से बाँधे रखता था। जिमी जन्म से ही बहुत कमज़ोर था। आश्रय-गृह पहुँचने के कुछ ही महीनों बाद उसकी मृत्यु हो गई।

यह आघात ऐनी के लिए असहनीय था। पहले माँ चली गईं। फिर पिता का सहारा छूट गया। अब भाई भी नहीं रहा। इतनी छोटी उम्र में ऐनी ने एक-एक करके अपने सबसे निकट लोगों को खो दिया था। वे लगभग अकेली रह गईं। जीवन जैसे उनसे बचपन का अधिकार छीनकर, उन्हें समय से पहले कठोर बना रहा था। इतनी चोटों के बाद ऐनी की कहानी साधारण दुःख की कहानी बनकर रह जाती, यदि उनके भीतर एक चीज जीवित न रहती- '**पढ़ने की ज़िद**।'

आश्रय-गृह की उदासी, बीमारी और अपमान के बीच भी उनके मन में यह भावना बनी रही कि जीवन केवल सहने के लिए नहीं है। वे सीखना चाहती थीं, पढ़ना चाहती थीं, अपने लिए अलग भविष्य चाहती थीं। वे ये सब उस समय इतने साफ शब्दों में न कह पाती हों लेकिन उनके भीतर यह समझ आकार ले रही थी कि यदि कोई रास्ता है तो वह शिक्षा से होकर जाता है।

आश्रय-गृह में रहते हुए उन्होंने सुना कि नेत्रहीन बच्चों के लिए विशेष विद्यालय होते हैं, जहाँ पढ़ाई कराई जाती है। बस यहीं से उनके भीतर एक नया संकल्प जागा। वे वहाँ पहुँचना चाहती थीं। फिर एक दिन उनकी प्रार्थना का जवाब सचमुच उनके सामने आ खड़ा हुआ।

जब सरकारी निरीक्षण दल आश्रय-गृह का दौरा करने आया तब ऐनी ने असाधारण साहस दिखाया। उस समय एक गरीब और उपेक्षित लड़की, जिसे आँखों की तकलीफ थी, उसका यू अधिकारियों के सामने जाकर अपने लिए शिक्षा माँगना साधारण बात नहीं थी। परंतु ऐनी साधारण परिस्थितियों के आगे चुप हो जानेवालों में से नहीं थीं। वे आगे बढ़ीं और उन्होंने कहा, 'मैं स्कूल जाना चाहती हूँ।'

उनके शब्द छोटे थे मगर पीछे पूरा जीवन खड़ा था- माँ की मृत्यु, पिता का टूटता सहारा, भाई का बिछोह, आँखों की तकलीफ़ और आश्रय-गृह की घुटन। यह केवल पढ़ने की इच्छा नहीं थी; यह अपने जीवन को बदलने की घोषणा थी। पहली बार किसी ने उस लड़की के भीतर की आग को पहचाना, जो परिस्थितियों से बड़ी थी।

यही वह क्षण था, जिसने ऐनी सुलिवन के जीवन की दिशा बदल दी। उन्हें पर्किन्स स्कूल फ़ॉर द ब्लाइंड में प्रवेश दिलाने की प्रक्रिया शुरू हुई। एक दरवाज़ा खुला था लेकिन उसके पार भी संघर्ष उनका इंतज़ार कर रहा था। अब एक फर्क था, इस बार वे केवल दुःख सहने नहीं, अपने जीवन को गढ़ने की दिशा में बढ़ रही थीं।

ऐनी सुलिवन का बचपन हमें सिखाता है कि कठिन परिस्थितियाँ किसी को तोड़ भी सकती हैं और गढ़ भी सकती हैं। कुछ लोग अभावों में हार मान लेते हैं, कुछ उन्हीं अभावों के बीच अपने भीतर ऐसी ज़िद पैदा कर लेते हैं, जो उन्हें आगे धकेलती रहती है। ऐनी उन्हीं में से एक थीं।

यही कारण है कि आगे चलकर जब उन्होंने हेलेन केलर जैसी बच्ची का हाथ थामा तो वे उसके क्रोध, उसकी बेचैनी और उसके अकेलेपन को दूसरों की तुलना में कहीं अधिक गहराई से समझ सकीं। क्योंकि वे स्वयं जीवन के कठोर किनारों से होकर आई थीं।

उनकी यात्रा अभी शुरू ही हुई थी। आश्रय-गृह से निकलकर विद्यालय तक पहुँचना एक जीत थी पर अपने भीतर बिखरे हुए जीवन को सँभालना, पढ़ाई में आगे बढ़ना और स्वयं को नया आकार देना; ये सब अभी बाकी था। पर्किन्स स्कूल का द्वार खुल चुका था। उनके जीवन का अगला अध्याय शुरू होने के लिए।

आज पहचानें स्वयं को :

१. मेरे जीवन की कौन सी कठिन परिस्थिति ने मुझे सबसे अधिक तोड़ा मगर उसी ने मुझे अंदर से अधिक मजबूत भी बनाया?

२. जब जीवन ने मुझसे कुछ छीन लिया तब मेरे भीतर कौन सी एक चीज़ बची रही- आशा, ज़िद, सीखने की इच्छा या आगे बढ़ने का साहस?

३. क्या मेरे जीवन में भी कोई ऐसा क्षेत्र है, जहाँ मैं परिस्थितियों के सामने चुप खड़ा हूँ, जबकि मुझे ऐनी की तरह आगे बढ़कर अवसर माँगना चाहिए?

४. मैंने अब तक अपने दुःखों को केवल बोझ की तरह देखा है या कभी यह भी समझने की कोशिश की है कि वे मुझे किस रूप में गढ़ रहे हैं?

५. यदि मैं अपने जीवन का एक नया अध्याय शुरू करना चाहूँ तो आज मुझे सबसे पहले किस डर, हीनता या पुराने दर्द से बाहर निकलना होगा?

15

ऐनी सुलिवन : पर्किन्स की दहलीज़ पर

'कुछ स्थान हमें केवल शिक्षा नहीं देते,
हमें हमारे भविष्य के योग्य बनाते हैं।'

पर्किन्स स्कूल की इमारत के सामने एक दुबली-पतली किशोरी खड़ी है। उसकी आँखें साफ नहीं देख पातीं, कपड़े साधारण हैं और चेहरा उम्र से पहले ही कठोर हो गया है। वह अपने हाथों में बहुत कम सामान लिए हुए है लेकिन मन में वर्षों का दुःख, अपमान, अभाव और ज़िद एक साथ भरे हुए हैं। वह धीरे-धीरे आगे बढ़ती है।

यह जगह उस आश्रय-गृह से अलग है, जहाँ उसने उपेक्षा और अकेलेपन के बीच दिन काटे थे। यहाँ हवा अलग है, लोग अलग हैं, दीवारें अलग हैं मगर सबसे अलग है वह संभावना, जो पहली बार उसके सामने खड़ी है।

आस-पास कुछ बच्चे उसे देख रहे हैं। उनमें से अधिकतर उससे उम्र में छोटे हैं। कुछ के चेहरे पर जिज्ञासा है, कुछ की आँखों में हलकी सी हँसी। वह ये सब महसूस करती है पर रुकती नहीं। शायद उसके भीतर कहीं यह डर भी है कि क्या वह इस नई दुनिया में अपने लिए जगह बना पाएगी; फिर भी उसके कदम पीछे नहीं मुड़ते।

उस क्षण वहाँ उपस्थित किसी को नहीं मालूम कि यह वही लड़की है, जो आगे चलकर एक दिन इतिहास की सबसे असाधारण शिक्षिकाओं में गिनी जाएगी।

अभी वह एक ऐसी किशोरी है, जिसने जीवन में बहुत कुछ खोया है परंतु सीखने की इच्छा अभी भी बाकी है।

सन् १८८० में पर्किन्स स्कूल में प्रवेश के साथ ऐनी सुलिवन के जीवन का एक नया अध्याय शुरू हुआ। यह अवसर उनके लिए किसी चमत्कार से कम न था। आश्रय-गृह के अँधेरे से निकलकर शिक्षा के संसार तक पहुँचना उनके लिए जैसे बंद खिड़की में पहली बार रोशनी उतर आने जैसा था। इस रोशनी तक पहुँच जाना ही पर्याप्त नहीं था; अब उन्हें इस नए संसार में स्वयं को सिद्ध भी करना था।

पर्किन्स पहुँचने पर ऐनी ने पाया कि यहाँ की चुनौतियाँ आश्रय-गृह से भिन्न थीं पर कम कठिन नहीं। उस समय वे लगभग चौदह वर्ष की थीं, जबकि उनकी कक्षा के अधिकांश विद्यार्थी उनसे काफी छोटे थे। वर्षों तक नियमित शिक्षा से दूर रहने के कारण उनकी पढ़ाई बहुत पीछे रह गई थी। उन्हें वही सब सीखना था, जो दूसरे बच्चे बहुत पहले सीख चुके थे। यह स्थिति किसी को भी अंदर से असहज कर सकती थी और ऐनी भी इससे अछूती नहीं रहीं।

उनकी आँखों की बीमारी ने कठिनाई और बढ़ा दी थी। पढ़ना-लिखना उनके लिए सहज काम नहीं था। कई बार आँखों में दर्द होता, सिर भारी हो जाता, अक्षर धुँधले पड़ जाते। हालाँकि ऐनी उन लड़कियों में से नहीं थीं, जो कठिनाई देखकर पीछे हट जाए। उन्होंने बचपन में इतना कुछ सहा था कि अब कोई असुविधा उन्हें रोक नहीं सकती थी।

असल में सबसे कठिन संघर्ष केवल पढ़ाई का नहीं था। वह संघर्ष था- अपने अंदर के असंतोष, गुस्से और टूटन को सँभालने का।

आश्रय-गृह के वर्षों ने उनके स्वभाव को कठोर बना दिया था। उपेक्षा ने उन्हें संवेदनशील भी बनाया था और विद्रोही भी। वे जल्दी आहत हो जातीं, जल्दी भड़क उठतीं और किसी भी अपमान को चुपचाप सह लेने के लिए तैयार नहीं रहतीं। पर्किन्स में कुछ छात्र उनके कपड़ों, उम्र और व्यवहार का मज़ाक उड़ाते थे। ये सब उन्हें अंदर तक चोट पहुँचाता था। यही चोट धीरे-धीरे उनके भीतर एक नई ज़िद को जन्म देने लगी, अब उन्हें हारकर नहीं, आगे बढ़कर उत्तर देना है।

ऐनी ने पढ़ाई को केवल पाठ्यक्रम की तरह नहीं लिया; उन्होंने उसे अपने पुनर्निर्माण का साधन बना लिया। वे घंटों अभ्यास करतीं, बार-बार पढ़तीं, शिक्षकों से पूछतीं और हर विषय को समझने की कोशिश करतीं। उनकी स्मरणशक्ति तेज थी,

बुद्धि सजग थी और सबसे बढ़कर सीखने की भूख सच्ची थी। शिक्षकों ने महसूस किया कि यह लड़की साधारण नहीं है। उसके अंदर एक बेचैन ऊर्जा है, जो सही दिशा मिलते ही असाधारण उपलब्धि में बदल सकती है।

पर्किन्स में रहते हुए ऐनी की आँखों के कई उपचार और ऑपरेशन भी हुए। इनसे उनकी दृष्टि में कुछ सुधार आया। यह सुधार पूर्ण नहीं था लेकिन इतना अवश्य था कि उनके भीतर आशा की एक नई लहर उठी। पहली बार उन्हें लगा जीवन केवल छीनता नहीं, कभी-कभी लौटाता भी है। यह अनुभव उनके लिए गहरा था क्योंकि बचपन ने उन्हें अधिकतर हानि ही दी थी।

पर्किन्स ने ऐनी को केवल शिक्षा और उपचार नहीं दिया, एक और बड़ी चीज दी- सम्मान का अनुभव। यहाँ पहली बार उन्हें ऐसे लोग मिले, जिन्होंने उन्हें बोझ नहीं, एक विद्यार्थी की तरह देखा। ऐसे शिक्षक मिले, जिन्होंने उसकी कमियों पर नहीं, उनकी क्षमताओं पर ध्यान दिया। ऐसे वातावरण से परिचय हुआ, जहाँ सीखना दया का विषय नहीं, विकास का अवसर था। यह परिवर्तन बाहर से जितना छोटा दिखाई देता है, अंदर से उतना ही गहरा है। कई बार किसी मनुष्य को बदलने के लिए बड़ी घटना नहीं, केवल इतना पर्याप्त होता है कि पहली बार कोई उस पर विश्वास करे।

धीरे-धीरे ऐनी के भीतर एक नया संतुलन जन्म लेने लगा। उनका स्वभाव पूरी तरह नहीं बदला था। वे अब भी तीखी थीं, संवेदनशील थीं, भीतर कहीं आहत भी थीं। परंतु अब उनके भीतर एक दिशा जुड़ गई थी। वे केवल जीवन से लड़ नहीं रही थीं; जीवन को गढ़ने लगी थीं। यही पर्किन्स की सबसे बड़ी देन थी।

यहीं ऐनी ने अनुभव किया कि शिक्षा केवल जानकारी नहीं देती, वह मनुष्य को स्वयं से मिलाती है। वह मनुष्य, जो अब तक परिस्थितियों से दबा हुआ था, शिक्षा के सहारे खड़ा होने लगता है। वह अपनी पीड़ा को केवल दुःख की तरह नहीं, शक्ति की तरह देखना सीखता है। ऐनी के साथ भी कुछ ऐसा ही हुआ। उनका अतीत मिटा नहीं था लेकिन अब वह उनकी दृष्टि को और गहरा बना रहा था।

यही कारण था कि आगे चलकर जब उन्होंने हेलेन के जीवन में प्रवेश किया तो केवल एक अध्यापिका बनकर नहीं बल्कि एक ऐसी स्त्री के रूप में, जिसने स्वयं अँधेरे, अकेलेपन और असहायता का स्वाद चखा था। इसलिए वे हेलेन की बेचैनी को केवल देख ही नहीं, समझ भी सकीं। पर्किन्स ने ऐनी को केवल शिक्षित नहीं

किया बल्कि उस भूमिका के लिए तैयार किया, जिसके कारण दुनिया आज उन्हें याद करती है।

यहाँ बिताए गए वर्ष ऐनी के व्यक्तित्व को आकार दे रहे थे। उनकी बुद्धि निखर रही थी, दृष्टि स्पष्ट हो रही थी, आत्मसम्मान लौट रहा था और भीतर की बिखरी हुई शक्ति धीरे-धीरे संयम में बदल रही थी। एक समय जो लड़की केवल अवसर माँग रही थी, वही अब अवसर के योग्य बनती जा रही थी।

जीवन ने ऐनी को यहाँ केवल सीखने के लिए नहीं रोका था। बहुत जल्द उनके सामने एक ऐसा दायित्व आनेवाला था, जो किसी भी साधारण शिक्षक को डरा सकता था। उन्हें एक ऐसी बच्ची के जीवन में प्रवेश करना था, जो एक उग्र संसार में कैद थी।

पर्किन्स ने ऐनी सुलिवन को तैयार कर दिया था। अब समय था यह देखने का कि क्या एक घायल बचपन से निकली युवती, किसी दूसरे बंद जीवन का द्वार खोल सकेंगी।

आज पहचानें स्वयं को :

१. मैंने अपनी कठिन परिस्थितियों को आज तक किस तरह देखा है? उनमें छिपी सीख या संभावना को पहचानने की कोशिश की है?

२. क्या कभी किसी ने मुझ पर उस समय विश्वास किया, जब मैं स्वयं पर विश्वास नहीं कर पा रहा था? उस विश्वास ने मुझे कैसे बदला?

३. कौन सी पुरानी चोटें आज भी मेरे स्वभाव को प्रभावित करती हैं? क्या मैं उन्हें कमजोरी मानता हूँ या उन्हें समझकर शक्ति में बदल सकता हूँ?

४. जीवन मुझे किसी और के लिए सहारा बनने का अवसर दे तो क्या मेरे आज के संघर्ष मुझे उसके दुःख को बेहतर समझने योग्य बना रहे हैं?

अनुशासन कभी जन्म ही नहीं ले सकेगा। उन्होंने निश्चय किया कि सबसे पहले इस बच्ची को सीमाओं का अर्थ सिखाना होगा।

यहीं से ऐनी की असली परीक्षा शुरू हुई। उन्होंने हेलेन के साथ केवल शिक्षिका की तरह नहीं बल्कि एक दृढ़ मार्गदर्शक की तरह व्यवहार करना शुरू किया। उनके स्पर्श में ममता थी पर उससे अधिक स्थिरता थी। वे हेलेन से प्रेम करती थीं लेकिन उसके क्रोध के सामने हार मानने के लिए नहीं आई थीं। उन्होंने महसूस किया कि यदि हेलेन को सचमुच भाषा, शिक्षा और आत्मनिर्भरता की ओर ले जाना है तो पहले उसके जीवन में व्यवस्था लानी होगी।

इसी सोच के साथ ऐनी ने केलर परिवार के समक्ष एक साहसिक प्रस्ताव रखा। वे चाहती थी कि कुछ समय के लिए हेलेन को परिवार से अलग, घर के पास बने छोटे से गेस्ट हाऊस में रखा जाए ताकि वह उनके साथ अकेले रहकर कुछ सीख सकें। यह निर्णय केवल सुविधा के लिए नहीं था; यह शिक्षा की रणनीति थी। ऐनी जानती थीं कि जब तक परिवार का दुलार हर क्षण बीच में आता रहेगा, हेलेन को अनुशासन और नियमितता सिखाना कठिन होगा। उन्हें पहले एक ऐसा वातावरण चाहिए था, जहाँ वे हेलेन तक बिना बाधा के पहुँच सकें।

शुरुआत के दिन दोनों के लिए अत्यंत कठिन थे। हेलेन को यह नया नियम, नया इंसान और नई सीमाएँ स्वीकार नहीं थीं। वह विरोध करती, हाथ झटकती, क्रोध में वस्तुएँ फेंकती। जिससे पूरा वातावरण तनाव से भर जाता। परंतु ऐनी पीछे नहीं हटीं। वे जानती थीं कि यह विरोध उनके विरुद्ध नहीं बल्कि उस व्यवस्था के विरुद्ध है, जो पहली बार हेलेन के जीवन में प्रवेश कर रही थी।

हेलेन को पहली बार ऐसा इंसान मिला था, जो उससे प्रेम भी करता था और हार भी नहीं मानता था। ऐनी उसे दया से नहीं, सम्मान से देखती थीं। वे उसे बेचारी बच्ची की तरह नहीं बल्कि एक सक्षम व्यक्तित्व की तरह बरताव करती थीं, जिसे सही दिशा की आवश्यकता है। यही इस संबंध की सबसे बड़ी शक्ति थी।

ऐनी दिनभर हेलेन के हाथ पर शब्द लिखतीं- गुड़िया, केक, मग, पिन। हेलेन उन्हें दोहरातीं पर अभी भी शब्द और वस्तु के बीच का वास्तविक संबंध नहीं समझ पाती थी। बाहर से देखने पर ये सब निराशाजनक लग सकता था। जैसे कोई दरवाज़ा है, जिस पर लगातार दस्तक दी जा रही है पर वह खुल नहीं रहा। ऐनी जानती थीं कि शिक्षा का सबसे कठिन चरण वही होता है, जहाँ बाहर कुछ बदलता हुआ दिखाई नहीं देता, जबकि भीतर धीरे-धीरे जमीन तैयार हो रही होती है।

दरअसल, यह केवल भाषा सिखाने की प्रक्रिया नहीं थी। यह एक बंद चेतना तक पहुँचने की साधना थी। हर बार हथेली पर लिखा गया शब्द एक नई दस्तक था। हर बार दोहराया गया संकेत एक नया प्रयास था। हर बार किया गया संयम, रोका गया क्रोध, संभाला गया विरोध- इन सबके बीच एक नया संबंध जन्म ले रहा था।

हेलेन अभी भी बेचैन थी। ऐनी अभी भी संघर्ष कर रही थीं। परिवार अब भी आशा और आशंका के बीच खड़ा था। बाहर से देखने पर कोई चमत्कार नहीं हुआ था परंतु अंदर एक बड़ी तैयारी चल रही थी। दो जीवन अब एक-दूसरे की लय पहचानने लगे थे; एक समझाना चाहती थी, दूसरी समझना चाहती थी, भले ही अभी उसे स्वयं इसका बोध न हो।

यही इस पहली भेंट की सबसे बड़ी महत्ता है। उस दिन कोई बड़ी उपलब्धि सामने नहीं आई थी, कोई विजय-घोष नहीं हुआ था, कोई असाधारण परिणाम दिखाई नहीं दिया था। उस दिन केवल एक शिक्षिका ने एक बच्ची का हाथ थामा था और यह निश्चय किया था कि वह उसे, उसकी बंद दुनिया में अकेला नहीं छोड़ेगी।

कई बार इतिहास की सबसे बड़ी घटनाएँ बाहर से बिलकुल साधारण दिखाई देती हैं लेकिन वे धीरे-धीरे अपना अर्थ खोलती हैं।

ऐनी सुलिवन और हेलेन केलर की पहली भेंट भी ऐसी ही थी। यह दो इंसानों की मुलाकात भर नहीं थी। यह धैर्य का निराशा से, अनुशासन का अव्यवस्था से और विश्वास का अँधेरे से सामना था। एक ओर वह बच्ची थी, जो भीतर से पुकार रही थी; दूसरी ओर वह युवती थी, जिसने तय कर लिया था कि वह उस पुकार तक पहुँचने का रास्ता खोजे बिना रुकेगी नहीं।

आनेवाले दिनों में यही संबंध एक ऐसे क्षण तक पहुँचा, जिसने न केवल हेलेन का जीवन बदल दिया बल्कि शिक्षा, संवेदना और मानवीय क्षमता के अर्थ को भी नया रूप दिया। अभी वह क्षण दूर था। अभी तो केवल शुरुआत हुई थी।

एक हाथ ने दूसरे हाथ को थामा था, एक बंद दुनिया के द्वार पर पहली दस्तक दी जा चुकी थी मगर कभी-कभी इतिहास बदलने के लिए इतना ही पर्याप्त होता है।

आज पहचानें स्वयं को :

१. उस इंसान को याद कीजिए, जिसने आपके कठिन स्वभाव के पीछे छिपी पीड़ा को समझा हो।

२. उस व्यक्तित्व के बारे में सोचें, जिसकी दृढ़ता ने आपको बिखरने से बचाया, भले ही उस समय वह कठोर लगा हो?

३. प्रेम और अनुशासन, इन दोनों में से आपके जीवन को किसने अधिक सँवारा है?

४. किसी उलझे हुए मन तक पहुँचने के लिए आपके अनुसार कौन से कदम उठाने चाहिए?

17

पानी की धारा और अर्थ का पहला द्वार

‘कभी-कभी एक शब्द केवल भाषा नहीं खोलता,
वह जीवन के बंद दरवाज़े खोल देता है।’

बहता हुआ पानी केवल प्यास नहीं बुझाता। कभी-कभी ऐसी समझ भी दे जाता है, जिसे शब्द नहीं समझा पाते।

पानी की प्रकृति कोमल होती है पर उसका संकल्प अडिग। वह चट्टानों से टकराता है, रास्ते में आनेवाली हर बाधा का सामना करता है, फिर भी न कठोर बनता है, न शिकायत करता है। बस निरंतर बहता रहता है और समय के साथ अपनी राह स्वयं बना लेता है। इसी कारण पानी को केवल प्रकृति का एक तत्व नहीं कहा जा सकता बल्कि यह सीख देनेवाला एक मौन शिक्षक भी है। उस दिन ऐनी सुलिवन ने इसी पानी को शिक्षा का माध्यम बनाया और एक ऐसा द्वार खोल दिया, जिसे अब तक कोई शब्द नहीं खोल पाए थे।

ऐनी के सामने चुनौती केवल यह नहीं थी कि हेलेन कुछ शब्द याद कर ले। असली चुनौती यह थी कि वह एक ऐसे मन तक पहुँचे, जो स्पर्श तो महसूस करता था पर अभी वस्तुओं और शब्दों के बीच का संबंध नहीं समझता था। हेलेन के हाथ पर अक्षर लिखे जा सकते थे, वस्तुएँ छुआई जा सकती थीं पर जब तक उसके भीतर यह बोध न जागे कि हर चीज़ का एक नाम होता है तब तक भाषा उसके लिए केवल उँगलियों की हरकत बनी रहती।

ऐनी यह बात समझ चुकी थीं कि शिक्षा का पहला पाठ किताबों से नहीं, अर्थ से शुरू होता है। यदि अर्थ का दीप न जले तो शब्द केवल संकेत बनकर रह जाते हैं इसलिए वे जल्दी में नहीं थीं। वे हेलेन को रटाना नहीं चाहती थीं; वे चाहती थीं कि उसके भीतर समझ का पहला द्वार खुले।

यह काम जितना सुनने में सरल लगता है, उतना था नहीं। ऐनी कई दिनों से हेलेन के हाथ पर उँगलियों से शब्द लिख रही थीं। वे किसी वस्तु को उसके हाथ में देतीं, फिर उसकी हथेली पर उसका नाम बनातीं। हेलेन उन उँगलियों की गति की नकल भी कर लेती थी। पर शब्द और वस्तु के बीच का रिश्ता उसकी समझ में नहीं उतर रहा था।

कई बार ऐसा लगता कि मेहनत व्यर्थ जा रही है। एक ही बात बार-बार दोहरानी पड़ती। एक ही अभ्यास फिर से करना पड़ता। कोई और होता तो शायद अधीर हो जाता और यह मान लेता कि इतनी कोशिशों के बाद भी यदि परिणाम नहीं दिख रहा तो आगे बढ़ना संभव नहीं। परंतु ऐनी सुलिवन उन लोगों में से नहीं थीं, जो परिणाम न दिखने पर प्रयास छोड़ दें।

वे जानती थीं कि सीखना हमेशा बाहर से दिखाई नहीं देता। मगर अंदर बहुत कुछ बन रहा होता है। बीज मिट्टी के नीचे चुपचाप काम करता है; उसकी हर हरकत दिखाई नहीं देती पर एक दिन वही बीज धरती को चीरकर बाहर आता है। ऐनी को यही भरोसा था कि हेलेन के भीतर भी कुछ चुपचाप आकार ले रहा है।

हेलेन का स्वभाव अब भी उग्र ही था। वह जल्दी चिढ़ जाती, बात न समझने पर बेचैन हो उठती और जब उसे कोई चीज़ अपनी इच्छा के विरुद्ध लगती तो वह विरोध करने लगती। पर अब ऐनी उसके क्रोध से घबराती नहीं थीं। वे समझ चुकी थीं कि यह बच्ची केवल अनुशासन नहीं, अर्थ की भूखी है। उसकी बेचैनी का कारण यह था कि वह दुनिया को छू तो सकती है मगर अभी उससे जुड़ नहीं पा रही।

ऐनी ने निश्चय किया कि उन्हें हेलेन को किसी ऐसी अनुभूति से जोड़ना होगा जो जीवंत हो, चलती हुई हो और जिसे वह केवल छुए नहीं, अंदर तक महसूस करे। इसी खोज ने उन्हें उस जलधारा तक पहुँचाया।

एक दिन वे हेलेन को पानी के पंप के पास ले गईं। उन्होंने हेलेन का एक हाथ बहते पानी के नीचे रखा। ठंडा पानी उसकी हथेली, उँगलियों और कलाई पर

लगातार गिर रहा था। उसी क्षण ऐनी ने उसके दूसरे हाथ पर उँगलियों से एक शब्द लिखा- **वॉटर**। फिर दोबारा लिखा। फिर एक बार और।

यह दृश्य बाहर से बहुत साधारण था। एक बच्ची, एक शिक्षिका, बहता हुआ पानी और हथेली पर चलते कुछ अक्षर। परंतु अंदर कुछ असाधारण घट रहा था। अचानक हेलेन ठिठक गई। उसके चेहरे पर एक बदलाव आया। मानो पहली बार उसके भीतर कोई कड़ी जुड़ी हो। उसे महसूस हुआ कि उसके हाथ पर चल रही उँगलियाँ उसी ठंडी, बहती हुई चीज़ का नाम बता रही हैं, जो इस समय उसकी हथेली पर गिर रही है।

यह केवल एक शब्द समझ लेने का क्षण नहीं था। यह उस मौन दुनिया में 'अर्थ' के जन्म का क्षण था।

अब तक वस्तुएँ थीं, स्पर्श थे, अनुभव थे लेकिन वे बिखरे हुए थे। उस क्षण पहली बार वे जुड़ने लगे। पहली बार संसार केवल छूने की चीज़ नहीं रहा; वह पहचानने, समझने और नाम देने योग्य बन गया।

उस अनुभव के तुरंत बाद हेलेन की उत्सुकता जैसे उमड़ पड़ी। वह हर चीज़ का नाम जानना चाहती थी। जो बच्ची अब तक शब्दों को केवल उँगलियों की हरकत समझ रही थी, वही अब संसार को भाषा से जोड़ने लगी। एक दरवाज़ा खुल चुका था और उसके खुलते ही अंदर प्रकाश फैलने लगा।

इस दृश्य की सबसे बड़ी सुंदरता केवल हेलेन की समझ में नहीं थी बल्कि ऐनी की साधना में भी थी। उस क्षण तक पहुँचने के पीछे न जाने कितने दिन का धैर्य, कितनी असफल कोशिशें, कितनी चुप्पी साधे प्रतीक्षा और कितनी गहरी संवेदनशीलता थी। पानी के पंप पर जो चमत्कार दिखाई देता है, वह वास्तव में एक दिन में नहीं हुआ था। वह ऐनी की निरंतर तपस्या का फल था।

यही एक सच्चे शिक्षक की पहचान है। वह केवल उत्तर नहीं देता; शिष्य को उस बिंदु तक ले जाता है, जहाँ उत्तर स्वयं भीतर से जन्म लेने लगे। वह केवल ज्ञान नहीं भरता; समझ की भूमि तैयार करता है। वह केवल रास्ता नहीं दिखाता; चलने की क्षमता जगाता है।

ऐनी ने हेलेन के साथ यही किया। उन्होंने उस पर दया नहीं की; उसे उसके भीतर की शक्ति तक पहुँचाया। उन्होंने उसे यह नहीं सिखाया कि दुनिया कठिन है;

बल्कि यह विश्वास जगाया कि दुनिया समझी जा सकती है। उन्होंने केवल शब्द नहीं दिए; संसार से जुड़ने का पहला माध्यम दिया।

यही कारण है कि पानी का वह प्रसंग केवल शिक्षा का दृश्य नहीं है; वह एक शिक्षक की अंतराआत्मा का परिचय भी है। वहाँ ऐनी की बुद्धि थी, उनका धैर्य था, उनकी प्रतीक्षा थी और सबसे बढ़कर वह विश्वास था, जो किसी परिणाम के दिखाई देने से पहले भी अपने कर्म से पीछे नहीं हटा।

जीवन में कुछ लोग तैयार उत्तर दे देते हैं और कुछ लोग उत्तर तक पहुँचने योग्य बना देते हैं। पहले प्रकार के लोग उपयोगी होते हैं पर दूसरे प्रकार के लोग जीवन बदल देते हैं। ऐनी सुलिवन दूसरी श्रेणी की शिक्षिका थीं।

उस दिन पानी की धारा केवल हेलेन के हाथों पर नहीं बह रही थी; वह ऐनी के लंबे परिश्रम को भी अर्थ दे रही थी। वह बता रही थी कि सच्चा प्रयास कभी व्यर्थ नहीं जाता। यदि धैर्य में प्रेम हो, अनुशासन में करुणा और शिक्षा में अंतरात्मा को देखने की दृष्टि तो एक दिन चमत्कार घटित होता है।

पानी के उस क्षण के बाद हेलेन की शिक्षा ने एक नया मोड़ लिया। अब ऐनी के सामने केवल एक जिद्दी बच्ची नहीं थी; एक जागती हुई चेतना थी, जो दुनिया को जानना चाहती थी। यही वह मोड़ था, जहाँ से उनकी शिक्षिका की भूमिका और भी बड़ी होनेवाली थी। अब उन्हें केवल शब्द नहीं सिखाने थे बल्कि एक उभरती हुई प्रतिभा को दिशा भी देनी थी।

आज पहचानें स्वयं को :

१. जब अचानक किसी बात का अर्थ आपके मन में स्पष्ट हुआ हो तब आपकी सोच, संबंधों या जीवन-दृष्टि में क्या परिवर्तन आया?

२. किसी इंसान को सिखाने, समझाने या सँभालने के दौरान आपने धैर्य की कैसी परीक्षा अनुभव की है? उस अनुभव ने आपको अपने स्वभाव के बारे में क्या सिखाया?

३. उस इंसान को याद कीजिए, जिसने आपको केवल सलाह नहीं दी बल्कि आपकी समझ का द्वार खोलने में मदद की। उसके प्रभाव ने आपके जीवन, सोच या निर्णयों में कौन सा स्थायी परिवर्तन लाया?

४. जब किसी प्रयास का परिणाम तुरंत दिखाई नहीं देता तब आपका मन किस दिशा में जाता है- अधैर्य, निराशा, संदेह या शांत निरंतरता?

५. आपको किसी एक इंसान के जीवन में प्रकाश का माध्यम बनना हो तो आप उसके लिए क्या देंगे- समय, धैर्य, विश्वास, अनुशासन या केवल सलाह? इनमें से आपके अंदर सबसे अधिक क्या है और सबसे अधिक किसे विकसित करने की आवश्यकता है?

18

प्रकाश की वह यात्रा जो कभी रुकी नहीं

'कुछ दीपक अंत तक जलते रहते हैं।
उनकी लौ धीमी पड़ सकती है
पर उनका प्रकाश कम नहीं होता।'

कुछ लोग अपने कार्य से पहचाने जाते हैं, कुछ अपने व्यक्तित्व से और कुछ ऐसे होते हैं, जो स्वयं पीछे रहकर दूसरों के जीवन को प्रकाशित कर देते हैं। ऐनी सुलिवन उन्हीं विरले लोगों में से एक थीं।

ऐनी सुलिवन अपने बारे में बहुत कम बोलती थीं। जब भी लोग उनसे मिलते, उनके प्रश्न लगभग हमेशा हेलेन से जुड़े होते। वे जानना चाहते थे कि हेलेन ने इतना सब कैसे सीखा, उसने कठिनाइयों पर कैसे विजय पाई और वह दुनियाभर के लोगों के लिए प्रेरणा कैसे बनीं।

बहुत कम लोगों ने ठहरकर यह जानने का प्रयास किया कि उस पूरी यात्रा के पीछे खड़ी स्त्री ने अपने जीवन में कितना संघर्ष किया था। किसी ने शायद ही उनसे पूछा हो, 'इतने वर्षों तक आपको शक्ति कहाँ से मिलती रही?'

संसार प्रायः उपलब्धियाँ देखता है, उन्हें संभव बनानेवाली तपस्या नहीं।

ऐनी ने भी कभी अपने जवाबों से स्वयं को केंद्र में नहीं रखा। उन्हें अपने योगदान का वर्णन करने में नहीं, अपने कर्तव्य को निभाने में विश्वास था। उनके लिए सबसे बड़ा परिचय यह नहीं था कि उन्होंने क्या किया बल्कि यह था कि एक जीवन अपनी पूरी संभावना तक पहुँच सका।

समय अपनी गति से आगे बढ़ रहा था। वर्षों की निरंतर साधना अब शरीर पर दिखाई देने लगी थी। ऐनी का शरीर धीरे-धीरे थकने लगा था। बचपन की बीमारी ने उनकी आँखों को कभी पूरी तरह स्वस्थ नहीं होने दिया। अब बढ़ती आयु के साथ दृष्टि फिर कमज़ोर होने लगी। गठिया ने उनके हाथों और जोड़ों को जकड़ लिया। लंबे समय तक पढ़ना उनके लिए कठिन हो गया। साधारण काम भी पहले से अधिक समय और धैर्य माँगने लगे।

पर जिन्होंने बचपन से संघर्ष को अपना साथी बनाया हो, वे कठिनाइयों से नहीं घबराते। ऐनी ने भी इन कष्टों को अपने व्यक्तित्व पर कभी हावी नहीं होने दिया। वे उन्हें छिपाती नहीं थीं पर उनका प्रदर्शन भी नहीं करती थीं। पीड़ा उनके जीवन में थी, उनके स्वभाव में नहीं। यही उनके व्यक्तित्व की सबसे बड़ी विशेषता थी।

जीवन ने उन्हें बार-बार परखा लेकिन हर बार वे और निखरकर सामने आई। उनके जीवन की गति अवश्य बदल रही थी पर उनके भीतर का उद्देश्य नहीं। अब वे पहले की तरह लगातार पढ़ा नहीं सकती थीं। यात्राएँ सीमित हो गई थीं। शरीर विश्राम चाहता था। लेकिन जब भी कोई उनसे मिलने आता, उसके सामने शिकायत नहीं, एक शांत मुस्कान, संतुष्टि दिखाई देती क्योंकि उन्होंने अपने जीवन को केवल अपने लिए नहीं जीया था।

ऐनी ने कभी यह नहीं सोचा कि दुनिया उन्हें किस नाम से याद रखेगी। उन्होंने पुरस्कारों या प्रसिद्धि का स्वप्न भी नहीं देखा था। उनका विश्वास केवल एक बात पर था, यदि किसी एक जीवन में आशा जगाई जा सके तो वही सबसे बड़ी सफलता है।

अब पीछे मुड़कर देखने पर उन्हें शायद किसी उपलब्धि की सूची दिखाई नहीं देती होगी। उन्हें दिखाई देता होगा एक लंबा संघर्ष... जिसने एक असहाय बालिका को आत्मविश्वास से भरी स्त्री बनते देखा... उन्हें दिखाई देता होगा धैर्य जो कभी व्यर्थ नहीं गया... उन्हें दिखाई देता होगा कि प्रेम, अनुशासन के साथ जुड़ जाए तो वह किसी जीवन की दिशा बदल सकता है और यह अनुभव किसी भी सम्मान से बड़ा था।

मनुष्य के जीवन में एक समय ऐसा आता है, जब वह यह गिनना छोड़ देता है कि उसने क्या पाया और क्या खोया। वह केवल यह देखता है कि उसके होने से संसार में क्या बदलाव हुआ।

ऐनी अब जीवन के अंतिम पड़ाव पर पहुँच चुकी थीं। धीरे-धीरे ऋतु बदल रहे थे। पेड़ों से पत्ते झड़ने लगे थे। हवा पहले से अधिक ठंडी हो चली थी। समय

बिना किसी घोषणा के अपना काम कर रहा था।

ऐनी भी जैसे उस परिवर्तन को सहज भाव से स्वीकार कर चुकी थीं। कई बार वे घंटों शांत बैठी रहतीं। उनकी दृष्टि कभी खिड़की के बाहर ठहर जाती तो कभी किसी पुराने विचार पर। उनके अंदर कोई अधूरापन नहीं था। जो जीवन कभी संघर्ष से आरम्भ हुआ था, वह अब एक गहरे संतोष में बदल चुका था।

एक दिन डॉक्टर ने धीमे स्वर में कहा, 'अब इन्हें अधिक विश्राम की आवश्यकता है।' कमरे में फिर वही शांति लौट आई। हेलेन कुछ देर तक वहीं बैठी रही। उसने धीरे से ऐनी का हाथ अपने हाथों में लिया। फिर अपनी उँगलियों से उनकी हथेली पर कुछ शब्द लिखे। वर्षों पहले यही भाषा ऐनी ने उसे सिखाई थी। आज वही भाषा कृतज्ञता का स्वर बन गई थी।

ऐनी ने हलकी मुस्कान के साथ उनकी उँगलियों को दबाया। शायद वह उत्तर था, आशीर्वाद था और यह विश्वास कि अब यात्रा आगे बढ़ सकती है।

उस क्षण दोनों के बीच कुछ भी कहने को शेष नहीं था। जीवन की सबसे गहरी बातें अकसर शब्दों से नहीं कही जातीं। वे केवल अनुभव की जाती हैं।

२० अक्टूबर १९३६। एक शांत सुबह। ऐनी सुलिवन की जीवन-यात्रा (उम्र) पूर्ण हुई। उस दिन किसी दीपक की लौ बुझी नहीं थी। वह केवल एक हाथ से दूसरे हाथ तक पहुँच गई थी।

ऐनी का शरीर विश्राम को प्राप्त हुआ लेकिन उनका कार्य वहीं समाप्त नहीं हुआ। वह हेलेन के विचारों में जीवित रहा, उसके साहस में जीवित रहा, उसके प्रत्येक व्याख्यान में जीवित रहा। उन प्रत्येक मनुष्यों में जीवित रहा, जिनके जीवन तक हेलेन की प्रेरणा पहुँच रही थी।

कुछ लोग अपना जीवन स्वयं जीते हैं। कुछ अपने जीवन के माध्यम से अनेक जीवनों को जीने की शक्ति दे जाते हैं। उन्होंने अपने पीछे कोई धन-संपत्ति, बड़ा पद भी नहीं छोड़ा। उन्होंने एक ऐसी विरासत छोड़ी, जिसे न समय मिटा सकता है और न मृत्यु।

उन्हें विश्वास था कि धैर्य, अनुशासन और प्रेम मिलकर असंभव दिखाई देनेवाले जीवन को भी नई दिशा दे सकते हैं। यही उनकी सबसे बड़ी पहचान है।

आज जब हम ऐनी सुलिवन की जीवन-यात्रा के अंतिम पृष्ठ पर पहुँचते हैं तब

लगता है कि उनका जीवन किसी एक इंसान की कहानी नहीं था। वह एक विचार था... एक मूल्य था। एक ऐसी ज्योति था, जो स्वयं जलती रही ताकि किसी और का मार्ग प्रकाशित हो सके।

किसी मनुष्य की सबसे बड़ी सफलता यही है, उसके जाने के बाद भी उसका प्रकाश लोगों के जीवन में बना रहे।

आज पहचानें स्वयं को :

१. आप अपने जीवन की कौन सी ऐसी विरासत छोड़ना चाहेंगे, जो लोगों के हृदय में जीवित रहे?

२. किसी ऐसे इंसान को स्मरण कीजिए, जिसकी उपस्थिति ने आपके भीतर बिना शोर किए कोई स्थायी परिवर्तन किया। वह परिवर्तन आज आपके जीवन में किस रूप में दिखाई देता है?

३. अपने जीवन में किसी एक इंसान के बारे में सोचिए, जिसके विकास में आपने सार्थक भूमिका निभाई हो।

खण्ड 3

हेलेन के प्रेरणादायी विचार

19

अदृश्य एहसास

'जो इंसान स्वयं को उपयोगी बना लेता है,
वही जीवन का सच्चा आनंद पाता है।'

अब तक हमने हेलेन केलर की जीवनी को उसके जीवन की घटनाओं, उनके साथ चलनेवाले लोगों और ऐनी सुलिवन की दृष्टि से जाना। लेकिन किसी भी महान व्यक्तित्व की सबसे बड़ी पहचान केवल उनके संघर्षों में नहीं, उन अनुभवों में होती है, जो उनके विचार बन जाते हैं। इस भाग में हम हेलेन को स्वयं उसके शब्दों के माध्यम से जानेंगे। ये विचार पुस्तक में लिखे गए वाक्य मात्र नहीं हैं बल्कि ऐसे जीवन का सार हैं, जिसने अंधकार के बीच भी आशा का प्रकाश खोज लिया।

आइए, अब हेलेन के अनमोल वचनों को जानें और उन्हें अपने जीवन से जोड़कर समझने का प्रयास करें।

'दुनिया की सबसे खूबसूरत चीज़ें न तो देखी जा सकती हैं,
न ही छुई जा सकती हैं; उन्हें बस दिल से महसूस किया जा सकता है।'

'लोग जब सुंदरता की बात करते हैं तो उनकी नज़र उगते या ढलते सूरज, बर्फ से ढके पहाड़, खिले हुए फूल, आसमान में चमकते तारे या किसी मुस्कुराते चेहरे पर जाती है। यह स्वाभाविक है। आँखें सबसे पहले वही देखती हैं, जो सामने होता है। लेकिन जीवन ने मुझे धीरे-धीरे यह सिखाया कि सुंदरता केवल वहीं नहीं होती जहाँ हमारी दृष्टि पहुँचती है, उसकी सबसे गहरी अनुभूति वहाँ होती है जहाँ मन महसूस करना सीखता है।

अधिकांश लोग संसार को अपनी इंद्रियों के माध्यम से जानते हैं। कोई रंगों में सुंदरता खोजता है, कोई मधुर संगीत में तो कोई किसी अपने के स्पर्श में। मेरे जीवन में इन तीनों के अनुभव कभी नहीं आए मगर यह जाना कि जीवन की सबसे सुंदर अनुभूतियाँ इंद्रियों की सीमा से परे होती हैं।

विश्वास न दिखाई देता है, न सुनाई देता है और न ही उसे हाथों से पकड़ा जा सकता है। फिर भी वही टूटे हुए मन को संभालने की शक्ति देता है। प्रेम का भी कोई आकार नहीं होता, फिर भी वही दो अनजान लोगों को अपना बना देता है। किसी का स्नेह, किसी की निःस्वार्थ सेवा या प्रार्थना देखी नहीं जा सकती मगर यही अनुभव जीवन को सबसे अधिक समृद्ध बनाते हैं।

मैंने अनुभव से जाना कि मनुष्य की सबसे बड़ी शक्ति उसकी संवेदनशीलता में होती है। देखने की क्षमता हमें संसार से जोड़ती है लेकिन महसूस करने की क्षमता हमें दिलों तक पहुँचाती है। जो केवल रूप देखकर निर्णय लेता है, वह बहुत कुछ देखता है पर कम समझता है। लेकिन जो किसी के मन की पीड़ा, उसकी खुशी और उसके संघर्ष को महसूस करना सीख लेता है, उसके लिए संसार पहले से कहीं अधिक सुंदर हो जाता है।

जीवन की सबसे गहरी यादें किसी दृश्य से नहीं, दिलों से जुड़ी होती हैं। माँ का बिना कुछ कहे सिर पर हाथ फेर देना, किसी मित्र का कठिन समय में चुपचाप साथ बैठ जाना, किसी अजनबी का समय पर बढ़ाया गया मदद का हाथ या किसी छोटे बच्चे की निष्कपट हँसी- ये ऐसे क्षण हैं जिन्हें शब्द पूरी तरह व्यक्त नहीं कर सकते। समय बीत जाता है लेकिन इनकी सुखद यादें (रिच मेमरीज़) मन में बनी रहती है।

मैंने क्या पाया? लोग अकसर बड़ी सफलताओं के पीछे दौड़ते हैं। वे सोचते हैं एक दिन सब कुछ मिल जाएगा तब जीवन पूर्ण हो जाएगा। लेकिन मैंने पाया कि मन की तृप्ति का संबंध केवल उपलब्धियों से नहीं होता। यदि जीवन में अपनापन कम होने लगे, किसी की खुशी देखकर चेहरे पर मुस्कान न आए, किसी के दुःख से मन न पिघले तो सबसे बड़ी सफलताएँ भी अंदर के खालीपन को नहीं भर पातीं। जीवन की वास्तविक समृद्धि इस बात से नहीं नापी जाती कि हमारे पास कितना है बल्कि इस बात से कि हमारे कारण कितने लोग अपने जीवन में स्नेह, विश्वास या सम्मान महसूस करते हैं।

कई लोग मानते हैं कि मेरे जीवन में सबसे बड़ी कमी यह थी कि मैं देख, सुन, बोल नहीं सकती थी। लेकिन मेरे जीवन की सबसे बड़ी विडंबना ही मेरी सबसे बड़ी शिक्षक बन गई। जिसने मुझे संसार को देखने से रोका, उसी ने मुझे उसे एक अलग ढंग से समझना सिखाया।

मैंने जाना कि जीवन को समझने का सबसे बड़ा माध्यम न आँखें हैं, न कान और न ही स्पर्श। यदि ऐसा होता तो मेरा संसार बहुत पहले ही सीमित हो गया होता। लेकिन मनुष्य का वास्तविक संसार उसकी चेतना, उसकी संवेदनशीलता और उसके रिश्तों से बनता है। इंद्रियाँ हमें दुनिया से मिलाती हैं पर जीवन का अर्थ हमें अनुभव सिखाते हैं।

यदि आज मुझसे कोई पूछे कि संसार की सबसे सुंदर चीज़ क्या है तो मेरा उत्तर वही होगा। वह किसी चित्र में कैद नहीं हो सकती, किसी बाज़ार से खरीदी नहीं जा सकती और न ही उसे हाथों से छुआ जा सकता है। वह उस क्षण में मिलती है, जब कोई बिना किसी स्वार्थ के आपका साथ देता है, जब कोई आपके मौन को भी समझ लेता है, जब किसी की छोटी सी संवेदना आपका टूटता हुआ विश्वास फिर से लौटा देती है। शायद यही वह सुंदरता है, जिसे देखने के लिए आँखों की नहीं, संवेदनशील हृदय की आवश्यकता होती है।'

सोच की दहलीज़...

यदि कल सुबह उठने पर आपकी आँखें केवल लोगों का चेहरा नहीं बल्कि उनका चरित्र देखने लगें... तो आपके जीवन में कितने लोग सचमुच सुंदर दिखाई देंगे?

20

सुरक्षा से परे जीवन

'जीवन या तो एक साहसिक यात्रा है
या फिर कुछ भी नहीं।'

'मनुष्य का मन सुरक्षा चाहता है। वह ऐसे रास्ते चुनना पसंद करता है, जहाँ जोखिम कम हो, परिणाम पहले से तय हो और असफल होने की संभावना न के बराबर हो। पहली नज़र में यह समझदारी लगती है क्योंकि सुरक्षा हमें डर से बचाती है। लेकिन एक प्रश्न हमेशा मेरे सामने खड़ा रहा, क्या केवल सुरक्षित रहना ही वास्तव में जीना है?' हेलेन ने स्वयं से यह प्रश्न किया और आगे कहा-

'समय के साथ मैंने जाना कि सुरक्षा जीवन को लंबा बना सकती है, गहरा नहीं। जीवन की गहराई तब बढ़ती है, जब हम उसके अज्ञात हिस्सों को स्वीकार कर आगे बढ़ने का साहस करते हैं।

यदि मैंने अपने जीवन की परिस्थितियों को ही अपनी अंतिम पहचान मान लिया होता तो मेरा संसार कभी नहीं बदलता। लोग मुझे मेरी सीमाओं से पहचानते थे लेकिन यदि मैं स्वयं भी अपने बारे में वही निर्णय ले लेती तो मेरे लिए कोई नया भविष्य संभव ही नहीं होता। मैंने अनुभव किया कि मनुष्य को परिस्थितियाँ कम रोकती हैं, उनके बारे में बनी उसकी धारणाएँ अधिक रोकती हैं। जैसे ही हमारी सोच बदलती है, हमारी संभावनाएँ भी बदलने लगती हैं।

धीरे-धीरे मुझे एक और सत्य समझ में आया। जीवन में सबसे बड़ा जोखिम किसी नए रास्ते पर चलना नहीं है। सबसे बड़ा जोखिम है- पूरी ज़िंदगी वही बने

रहना, जो हम आज हैं। जब हम केवल इसलिए कोई नया कदम नहीं उठाते कि कहीं असफल न हो जाएँ तब अनजाने में अपने ही विकास को रोक देते हैं। सुरक्षित रहने की इच्छा कई बार हमें वह इंसान बनने नहीं देती, जो बनने की क्षमता हमारे भीतर पहले से मौजूद है।

मैंने यह भी पाया कि जीवन की सबसे बड़ी खोजें बाहर नहीं, हमारे अंदर होती हैं। हर नया अनुभव केवल हमें दुनिया के बारे में कुछ नहीं सिखाता बल्कि हमारे अपने बारे में भी कुछ नया प्रकट करता है। जब हम किसी कठिन परिस्थिति का सामना करते हैं तब हमें अपनी ऐसी क्षमताओं का पता चलता है, जिनके अस्तित्व से हम पहले परिचित ही नहीं थे। इसलिए चुनौतियों को जीवन की बाधाओं के रूप में नहीं, अवसर के रूप में देखा जाता है।

बहुत से लोग साहस को गलत समझते हैं। उन्हें लगता है साहसी इंसान को डर नहीं लगता। मेरा अनुभव इससे बिलकुल अलग रहा। डर हर नए रास्ते पर साथ चलता है। अंतर केवल इतना है कि कुछ लोग डर को अपना भविष्य लिखने देते हैं, जबकि कुछ लोग अपने मूल्यों और उद्देश्य को। साहस का अर्थ भय का समाप्त हो जाना नहीं है; साहस का अर्थ है, यह निर्णय लेना कि मेरे जीवन का संचालन डर नहीं, मेरा विश्वास करेगा।

हम अकसर चाहते हैं कि पहले सफलता का भरोसा मिल जाए, फिर हम पहला कदम उठाएँगे। पहले रास्ता पूरी तरह दिखाई दे, फिर हम यात्रा शुरू करेंगे। लेकिन जीवन का नियम इससे ठीक उलटा है। जीवन पहले कदम माँगता है, बाद में रास्ता दिखाता है। बीज पहले मिट्टी को चीरता है तब प्रकाश तक पहुँचता है। नदी पहले बहना शुरू करती है तब अपना मार्ग बनाती है। जो लोग हर उत्तर पहले चाहते हैं, वे अकसर यात्रा की शुरुआत ही नहीं कर पाते।

समय के साथ मैंने एक और गहरी बात समझी। हर साहसी निर्णय दो बार लिया जाता है। पहली बार मन में, दूसरी बार जीवन में। यदि हम अपने मन में ही हार मान लेते हैं तो बाहरी दुनिया में कोई जीत संभव नहीं होती। लेकिन जिस दिन मन कह देता है, 'मैं प्रयास करूँगा', उसी दिन परिवर्तन शुरू हो जाता है। बाहर की दुनिया बाद में बदलती है; सबसे पहले भीतर का निर्णय बदलता है।

मेरे जीवन में साहस हमेशा बड़े कार्यों में नहीं दिखाई दिया। कई बार वह एक नया शब्द सीखने का प्रयास था। कभी अपनी भूल स्वीकार करना था। कभी बार-बार असफल होने के बाद भी सीखते रहना था। कभी उन लोगों की राय से ऊपर

उठना था, जो मेरी क्षमताओं का निर्णय पहले ही कर चुके थे। मैंने जाना कि जीवन की बड़ी उपलब्धियाँ छोटे-छोटे साहसों की निरंतर श्रृंखला होती हैं। कोई भी पर्वत एक ही छलाँग में नहीं चढ़ा जाता।

धीरे-धीरे मैंने यह भी अनुभव किया कि हर साहसी कदम केवल परिस्थिति नहीं बदलता, वह हमारी पहचान भी बदल देता है। जब हम पहली बार किसी डर का सामना करते हैं तब केवल डर छोटा नहीं होता; हमारा व्यक्तित्व बड़ा हो जाता है। हमारा मन हमारे बारे में एक नई कहानी लिखना शुरू कर देता है- 'मैं कठिनाइयों का सामना कर सकता हूँ... मैं सीख सकता हूँ... मैं बदल सकता हूँ।' यही नई पहचान आगे चलकर आत्मविश्वास बन जाती है। आत्मविश्वास सफलता से नहीं, साहस के अनुभवों से जन्म लेता है।

आज पीछे मुड़कर देखती हूँ तो मुझे अपने जीवन की सबसे अनमोल उपलब्धियाँ पुरस्कार, सम्मान या प्रसिद्धि नहीं लगती। सबसे मूल्यवान वे क्षण हैं, जब मैंने अनिश्चितता के बावजूद आगे बढ़ने का निर्णय लिया। उन्हीं क्षणों ने मुझे मेरी वास्तविक शक्ति से परिचित कराया। तब समझ में आया कि जीवन का उद्देश्य केवल स्वयं को सुरक्षित रखना नहीं बल्कि अपनी संभावनाओं को पूरा जीना है।

इसीलिए मैं पूरे विश्वास के साथ कहती हूँ, जीवन या तो एक साहसिक यात्रा है या फिर कुछ भी नहीं।'

सोच की दहलीज़...

अपने जीवन में उस एक निर्णय को पहचानिए, जिसे आप केवल इसलिए टाल रहे हैं क्योंकि उसका परिणाम निश्चित नहीं है। अब स्वयं से एक नया प्रश्न पूछिए, यदि डर निर्णय न ले बल्कि आपका उद्देश्य निर्णय ले तो आपका पहला कदम क्या होगा? संभव है, वही कदम आपको उस जीवन की ओर ले जाए, जिसकी प्रतीक्षा आप वर्षों से कर रहे हैं।

21

देखने से समझने तक

'अंधा होने से भी अधिक दुःखद यह है कि
आँखें तो हों पर जीवन के प्रति कोई दृष्टि न हो।'

मैंने क्या जाना? 'मनुष्य प्रायः यह मान लेता है कि देखने की क्षमता ही जीवन का सबसे बड़ा सौभाग्य है। उसे लगता है जो संसार को देख सकता है, उसके लिए रास्ते भी स्पष्ट होंगे और निर्णय भी सरल होंगे। यह स्वाभाविक है क्योंकि हमारी पहली पहचान आँखों के माध्यम से ही संसार से होती है। लेकिन समय ने मुझे एक अलग सत्य से परिचित कराया। आँखें हमें दृश्य दिखा सकती हैं पर जीवन का संपूर्ण और गहरा अर्थ नहीं। जीवन को समझने के लिए एक दूसरी दृष्टि चाहिए, जो बाहर नहीं, अंदर जन्म लेती है।

यहीं से मैंने देखने और समझने के बीच का अंतर जाना। बहुत कुछ ऐसा होता है जिसे हम प्रतिदिन देखते हैं, फिर भी कभी समझ नहीं पाते। जैसे कोई इंसान वर्षों तक नदी के किनारे रहे पर उसकी धारा का स्वभाव न जाने। उसी प्रकार जीवन भी केवल घटनाओं का क्रम नहीं है। उसके भीतर एक मौन अर्थ छिपा रहता है, जिसे वही पहचान पाता है, जो रुककर स्वयं से प्रश्न करना सीखता है। जो केवल देखता है, वह दृश्य तक पहुँचता है; जो समझता है, वह सत्य तक पहुँचता है।

धीरे-धीरे मुझे अनुभव हुआ कि मनुष्य की सबसे बड़ी कमी किसी इंद्रिय का अभाव नहीं होती। सबसे बड़ा अभाव तब होता है, जब उसके जीवन में कोई जीवन-दृष्टि नहीं होती। जीवन-दृष्टि के बिना जीवन चलता तो रहता है पर अर्थपूर्ण

नहीं बनता। दिन बदलते हैं, परिस्थितियाँ बदलती हैं, उपलब्धियाँ भी जुड़ती जाती हैं; लेकिन अंदर एक खालीपन बना रहता है। बाहर गति दिखाई देती है, अंदर यात्रा आरम्भ ही नहीं होती।

मैंने देखा है कि बहुत से लोग जीवनभर परिश्रम करते हैं। वे अपने दायित्व निभाते हैं, उपलब्धियाँ प्राप्त करते हैं और दूसरों की दृष्टि में सफल भी कहलाते हैं। फिर भी उनके अंदर एक प्रश्न रहता है, 'मैं ये सब क्यों कर रहा हूँ?' जब इस प्रश्न का उत्तर नहीं मिलता तब सफलता भी आनंद नहीं देती। तब मनुष्य जितना आगे बढ़ता है, उतना ही अपने आपसे दूर होता जाता है। यही मैंने दृष्टि का वास्तविक अर्थ समझा। दृष्टि भविष्य को देख लेने की क्षमता नहीं है। दृष्टि वह है, जो वर्तमान में छिपे उद्देश्य को पहचान ले। वही साधारण दिनों को भी अर्थ देती है। वही संघर्ष को केवल कठिनाई नहीं रहने देती, उसे विकास का माध्यम बना देती है। जिस मनुष्य के जीवन में बड़ा उद्‌देश्य रहता है, उसके लिए छोटी-छोटी बाधाएँ मार्ग का अंत नहीं बनतीं।

समय ने मुझे यह भी सिखाया कि हमारी सबसे बड़ी सीमाएँ बाहर नहीं होतीं। वे उन धारणाओं में होती हैं, जिन्हें हम बिना परखे सत्य मान लेते हैं। जब मनुष्य स्वयं ही यह मान लेता है कि उससे कुछ नहीं होगा तब उसके सामने खुले हुए अवसर भी व्यर्थ हो जाते हैं। परंतु जैसे ही वह अपने बारे में बनी उस सीमित धारणा को बदल देता है, संसार भी उसके लिए बदलने लगता है। परिस्थितियाँ वे ही रहती हैं पर उन्हें देखनेवाली दृष्टि बदल जाती है।

यही कारण है कि मैंने कभी भी बाहरी परिस्थितियों को निर्णायक नहीं माना। जीवन-दृष्टि बाहर से नहीं मिलती; अंदर से जन्म लेती है। उद्‌देश्य पहले जागता है, रास्ते बाद में दिखाई देने लगते हैं। जिस दिन मनुष्य अपने जीवन का उद्‌देश्य पहचान लेता है, उसी दिन उसके निर्णय बदलने लगते हैं। फिर वह केवल परिस्थितियों के अनुसार नहीं, अपने मूल्यों के अनुसार जीता है।

मैंने एक और बात अनुभव की। संसार में सबसे अधिक भ्रम गति (स्पीड)पैदा करती है। जब हम निरंतर व्यस्त रहते हैं तब लगता है कि हम आगे बढ़ रहे हैं। पर गति और प्रगति में अंतर है। यदि दिशा स्पष्ट न हो तो तेज़ कदम हमें उस स्थान पर पहुँचा सकते हैं जहाँ हम कभी जाना ही नहीं चाहते थे। इसलिए मैंने हमेशा स्वयं से यह प्रश्न नहीं पूछा कि 'मैं कितना आगे बढ़ी...?' मैंने पूछा, 'मैं किस दिशा में बढ़ रही हूँ?'

धीरे-धीरे समझ में आया कि मनुष्य का सबसे महत्वपूर्ण परिचय उसके कार्यों से नहीं, उसके भीतर की दिशा से तय होता है। वही दिशा उसके निर्णयों में दिखाई देकर, व्यवहार में उतरती है और अंततः पूरे जीवन का स्वरूप बन जाती है। ऐसे में संघर्ष भी अर्थपूर्ण लगने लगता है। प्रतीक्षा धैर्य बन जाती है, परिश्रम साधना बन जाता है और असफलता सीख का नया रूप ले लेती है।

आज कोई मुझसे पूछे कि मनुष्य की सबसे बड़ी संपत्ति क्या है तो मैं कहूँगी, आँखों से भी अधिक मूल्यवान है जीवन-दृष्टि, जो हमें स्वयं तक पहुँचाती है। देखनेवाली आँखें मनुष्य को दृश्य देती हैं पर जागृत दृष्टि उसे जीवन का अर्थ देती है। जिसने स्वयं को देखना सीख लिया, उसके लिए संसार केवल दृश्य नहीं रहता; वह सीख बन जाता है।'

सोच की दहलीज़...

आप संसार को प्रतिदिन देखते हैं, उसके बारे में बहुत कुछ जानते हैं। लेकिन क्या कभी स्वयं को उसी ध्यान से समझने का प्रयास किया है?

जीवन तब नहीं बदलता जब आँखें खुलती हैं तब बदलता है, जब दृष्टि जागती है। अतः आज कुछ क्षण स्वयं के साथ बैठकर, आंतरिक दृष्टि से स्वयं को परखिए।

22

परछाइयों के उस पार

'अपना चेहरा हमेशा सूर्य के प्रकाश की ओर रखें
तब आपको अपनी परछाई दिखाई नहीं देगी।'

मेरे जीवन में समय ने कौन सा सत्य प्रकट किया? 'संसार में प्रकाश और परछाईं दोनों साथ जन्म लेते हैं। जहाँ प्रकाश होगा, वहाँ परछाईं भी होगी। इसी से संबंधित हेलेन कहती हैं- प्रश्न यह नहीं कि जीवन में अंधकार आएगा या नहीं; प्रश्न यह है कि हमारा चेहरा किस दिशा में रहेगा।

मनुष्य प्रायः यह मान लेता है कि जीवन का सुख इस बात पर निर्भर करता है कि उसके आस-पास कितना प्रकाश है। यदि परिस्थितियाँ अनुकूल हों, लोग साथ हों, सब कुछ मनचाहा हो तभी मन प्रसन्न रह सकता है। परंतु समय ने मुझे एक अलग सत्य सिखाया। जीवन का प्रकाश बाहर की परिस्थितियों से कम और आंतरिक दिशा से अधिक जन्म लेता है। बाहरी प्रकाश हमेशा हमारे नियंत्रण में नहीं होता लेकिन अंदर किस ओर देखना है, यह चुनाव सदैव हमारा होता है।

धीरे-धीरे मैंने समझा कि इस वाक्य का संबंध सूर्य से कम और मनुष्य के मन से अधिक है। सूर्य सबके लिए समान रूप से उगता है पर हर मन उसी प्रकाश को समान अर्थ नहीं देता। कोई कठिनाई को अंत मान लेता है, कोई उसी को नई शुरुआत बना लेता है। अंतर परिस्थितियों में नहीं, उस दिशा में होता है, जहाँ हमारा मन स्थिर रहता है।

मैंने अनुभव किया कि जीवन में परछाइयाँ कभी समाप्त नहीं होतीं। दुःख, असफलता, अकेलापन, निराशा- ये सब मनुष्य की यात्रा का स्वाभाविक भाग हैं। इन्हें मिटा देना हमारे हाथ में नहीं है। परंतु इन्हें अपने जीवन का केंद्र बना लेना या न बनाना, अवश्य हमारे हाथ में है। जिस बात को हम बार-बार सोचते हैं, वही धीरे-धीरे हमारे व्यक्तित्व का हिस्सा बन जाती है। यदि मन निरंतर अभावों पर ठहरा रहे तो जीवन का सौंदर्य भी धुँधला पड़ने लगता है।

समय के साथ मैंने यह भी जाना कि प्रकाश का अर्थ केवल प्रसन्नता नहीं है। सत्य, विश्वास, प्रेम और करुणा भी प्रकाश है। कई बार बाहर का संसार अंधकार से भरा होता है, फिर भी अंदर का एक छोटा सा विश्वास मनुष्य को आगे बढ़ाता रहता है। वही विश्वास उसे टूटने नहीं देता।

मैंने ऐसे लोगों को देखा है जिनके जीवन में अभाव कम थे, फिर भी उनका मन अंधकार से भरा था और ऐसे भी, जिनकी परिस्थितियाँ कठिन थीं, फिर भी उनकी आँखों में आशा का प्रकाश जीवित था। तब समझ में आया कि मनुष्य का जीवन वस्तुओं से नहीं, उसकी दृष्टि से प्रकाशित होता है। यदि हृदय में कृतज्ञता हो तो छोटी सी खुशी भी मन को भर देती है। यदि अंदर शिकायतें ही शिकायतें हो तो बड़ी-से-बड़ी उपलब्धि भी अधूरी लगने लगती है।

मन का स्वभाव है कि वह जो नहीं है, उसे अधिक देर तक याद रखता है और जो है वह धीरे-धीरे साधारण लगने लगता है। हम दूसरों की सफलताएँ, उनकी सुविधाएँ देखते हैं और अनजाने में अपने जीवन की परछाइयों को बड़ा बना लेते हैं। हम भूल जाते हैं कि हमारे जीवन में भी कुछ ऐसा है, जो किसी और के लिए प्रकाश हो सकता है। जिस दिन मनुष्य अपने जीवन में उपस्थित छोटे-छोटे प्रकाशों को पहचानना सीख लेता है, उसी दिन उसके भीतर संतुष्टि का जन्म होने लगता है।

मैंने अपने जीवन में यह पाया कि प्रकाश खोजने का अर्थ कठिनाइयों से आँखें मूँद लेना नहीं है। उसका अर्थ है- कठिनाइयों के बीच भी उस कारण को जीवित रखना, जिसके लिए आगे बढ़ा जा सके। यही कारण मनुष्य को परिस्थितियों से बड़ा बना देता है। तब परछाइयाँ साथ तो चलती हैं पर मार्ग नहीं रोकतीं।

धीरे-धीरे समझ में आया कि मनुष्य का भविष्य उसकी परिस्थितियाँ नहीं, उसका ध्यान तय करता है। जहाँ मन बार-बार लौटता है, जीवन भी उसी दिशा में ढलने लगता है। इसलिए मैंने अपने लिए यही चुना कि मैं अंधकार की उपस्थिति

स्वीकार करूँगी लेकिन अपना चेहरा प्रकाश की ओर ही रखूँगी। तभी समझ में आया कि सूर्य केवल आकाश में नहीं उगता; वह मनुष्य के अंतरमन में भी उगता है। जिसने भीतर के प्रकाश की रक्षा करना सीख लिया, उसकी परछाइयाँ कभी उसके भविष्य का निर्णय नहीं कर पातीं।'

सोच की दहलीज़...

आज कुछ क्षण रुककर अपने जीवन की ओर देखिए। क्या आपका ध्यान उन बातों पर अधिक ठहरता है, जो आपके पास नहीं हैं या उन प्रकाशों पर जो आज भी आपके जीवन में उपस्थित हैं?

हो सकता है इसी उत्तर में आपके आनेवाले कल की दिशा छिपी हो।

23

जहाँ साथ होता है

'मैं अकेले उजाले में चलने के बजाय
किसी मित्र के साथ अँधेरे में चलना अधिक पसंद करूँगी।'

हेलेन केलर कहती है, 'जीवन ने मुझे यह समझाया कि मनुष्य केवल अपने साहस के सहारे आगे नहीं बढ़ता। उसकी यात्रा में कुछ ऐसे संबंध होते हैं, जो चुपचाप उसमें साहस जगाते रहते हैं। बाहर से देखने पर लगता है कि कोई मनुष्य अकेला चल रहा है। जबकि उसके साथ किसी का विश्वास, स्नेह और आंतरिक मौन की शक्ति चल रही होती है। तभी मैंने जाना कि जीवन में सबसे बड़ी संपत्ति केवल अपनी शक्ति नहीं, किसी का सच्चा साथ भी है।

बहुत से लोग यह मानते हैं कि जीवन का सबसे सुखद मार्ग वह है, जहाँ कठिनाइयाँ न हों। पर मैंने पाया कि कठिनाइयाँ जीवन से कभी पूरी तरह नहीं जातीं। बदलती है उनसे लढ़ने की हमारी क्षमता, जो केवल आत्मबल से नहीं आती। कई बार किसी ऐसे इंसान की उपस्थिति से जन्म लेती है, जो हमें हमारी कमज़ोरी के साथ स्वीकार करता है। अँधेरा उतना भयावह नहीं लगता, जब यह विश्वास हो कि कोई हमारे साथ चल रहा है।

समय के साथ मैंने यह भी समझा कि हर परिचय मित्रता नहीं बनता। जीवन में अनेक लोग मिलते हैं, अनेक संबंध बनते हैं लेकिन बहुत कम लोग ऐसे होते हैं, जिनके सामने हमें स्वयं को सिद्ध करने की आवश्यकता नहीं पड़ती। जिनके सामने हम अपनी सफलताओं से अधिक, अपनी असफलताओं के साथ सहज रह सकते

हैं। जहाँ स्वीकार करने के लिए किसी मुखौटे की आवश्यकता न हो, वहीं से सच्ची मित्रता आरम्भ होती है।

मैंने अनुभव किया कि सच्चा मित्र हमारे लिए जीवन का बोझ नहीं उठाता बल्कि उसे उठाने की शक्ति हम में जगाता है। वह हमारी ओर से निर्णय नहीं लेता, न ही संघर्ष समाप्त कर सकता है। परंतु इतना अवश्य करता है कि संघर्षों के बीच हमें अकेला नहीं छोड़ता। कई बार उसकी यही उपस्थिति किसी समाधान से भी अधिक मूल्यवान हो जाती है।

धीरे-धीरे मेरे सामने यह बात भी स्पष्ट हुई कि संबंधों की वास्तविक परीक्षा सुख में कम, अनिश्चितता में अधिक होती है। जब सब कुछ अनुकूल हो तब साथ निभाना कठिन नहीं होता। कठिनाई तब होती है, जब आगे का मार्ग दिखाई न दे, मन में संदेह हो और भविष्य धुँधला लगे। ऐसे समय में जो इंसान बिना किसी आश्वासन के भी हमारे साथ बना रहे, वही हमारे जीवन का वास्तविक सहयात्री होता है। उसका साथ यह विश्वास देता है कि हर उत्तर अभी न मिले, फिर भी यात्रा जारी रखी जा सकती है।

समय के साथ मैंने यह भी जाना कि मित्रता शब्दों से अधिक विश्वास की भाषा समझती है। कई बार लंबे संवाद भी वह नहीं कह पाते, जो किसी का शांत होकर साथ बैठ जाना कह देता है। जहाँ विश्वास होता है, वहाँ मौन भी अर्थपूर्ण हो जाता है। वहाँ दूरी निकटता को कम नहीं करती, समय अपनापन नहीं घटाता और परिस्थितियाँ संबंधों की नींव को हिला नहीं पातीं। ऐसे संबंध जीवन को केवल सुख नहीं देते, अंदर स्थिरता भी जगाते हैं।

आज के समय में लोगों से जुड़ना पहले से कहीं अधिक आसान हो गया है लेकिन किसी के जीवन से सचमुच जुड़ पाना उतना ही कठिन होता जा रहा है। परिचय बढ़ रहे हैं, संवाद बढ़ रहे हैं पर विश्वास उतनी सहजता से नहीं बनता। यही कारण है कि भीड़ पहले से अधिक है लेकिन अपनापन पहले से कम महसूस होता है। तब समझ में आता है कि जीवन को बहुत सारे लोगों की नहीं, कुछ सच्चे संबंधों की आवश्यकता होती है।

मैंने समझा कि अँधेरा केवल कठिन परिस्थितियों का प्रतीक नहीं है। अँधेरा वह समय है, जब मन स्वयं पर विश्वास खोने लगता है। ऐसे क्षणों में यदि किसी का विश्वास हमारे साथ खड़ा हो जाए तो वही विश्वास अंदर बुझते हुए प्रकाश को फिर से जगा देता है। तब यात्रा आसान नहीं होती लेकिन चलना संभव हो जाता है।

इसलिए मेरा मानना है कि अकेले उजाले में चलने से कहीं अधिक बेहतर है सच्चे मित्र के साथ अंधेरे में चलना। क्योंकि उजाला हमें रास्ता दिखा सकता है पर सच्चा साथ हमें उस रास्ते पर चलते रहने का साहस देता है। जहाँ विश्वास साथ चलता है वहाँ अंधेरा भी रास्ता रोक नहीं पाता; वह केवल यात्रा का एक और पड़ाव बन जाता है।'

सोच की दहलीज़...

अपने जीवन के उन लोगों को याद कीजिए, जिनकी उपस्थिति ने आपके किसी कठिन समय का बोझ हलका कर दिया था। फिर स्वयं से पूछिए, 'क्या मैं भी किसी के जीवन में ऐसा विश्वास बन पाया हूँ, जिसकी मात्र उपस्थिति से उसका साहस लौट आया?'

24

जहाँ निष्ठा होती है

'मैं महान और श्रेष्ठ कार्य करना चाहती हूँ
लेकिन मेरा सबसे बड़ा कर्तव्य यह है कि
छोटे कार्य भी उसी निष्ठा से करूँ, जैसे वे महान हों।'

'जब मनुष्य महान कार्यों की कल्पना करता है तो उसका ध्यान स्वाभाविक रूप से बड़े अवसरों की ओर चला जाता है। उसे लगता है कि जीवन में कभी कोई ऐसा क्षण आएगा, जब वह कुछ असाधारण करेगा और वही उसकी पहचान बनेगा। एक समय तक मैं भी यही सोचती रही लेकिन धीरे-धीरे मैंने जाना कि महानता किसी विशेष अवसर की प्रतीक्षा नहीं करती। वह तो उन साधारण क्षणों में जन्म लेती है, जिन्हें हम अकसर बिना महत्त्व दिए जी जाते हैं।'

इन्हीं विचारों ने हेलेन केलर का नाम आज महान व्यक्तित्वों की सूची में दर्ज है।

हेलेन ने आगे कहा, 'समय ने मुझे यह समझाया कि जीवन बड़े निर्णयों से कम और छोटे कर्मों से अधिक बनता है। हर दिन हमारे सामने अनेक ऐसे कार्य आते हैं, जिन्हें हम सामान्य समझकर कर तो देते हैं पर पूरे मन से नहीं करते। यहीं से अंतर आरम्भ होता है। कार्य का स्वरूप नहीं, उसके प्रति हमारी निष्ठा हमारे व्यक्तित्व का निर्माण करती है। जो मनुष्य साधारण दायित्वों को भी पूरी ईमानदारी से निभाता है, वह अनजाने में अपने भीतर ऐसी विश्वसनीयता गढ़ता है, जो किसी एक बड़ी उपलब्धि से कहीं अधिक स्थायी होती है।

फिर मैंने एक और बात अनुभव की... मनुष्य का चरित्र किसी असाधारण अवसर से नहीं बनता। वह उन क्षणों में बनता है, जब कोई उसे देख नहीं रहा होता। जब प्रशंसा की कोई संभावना नहीं होती तब भी वह अपने कार्य को कितनी सावधानी से करता है; जब सुविधा और कर्तव्य में से किसी एक को चुनना होता है तब उसका निर्णय क्या होता है, यही उसके जीवन की वास्तविक दिशा तय करते हैं। बड़े अवसर तो कभी-कभी आते हैं पर छोटे कर्तव्य प्रतिदिन हमारे सामने उपस्थित रहते हैं।

मैंने अनुभव किया कि हम अकसर भविष्य की बड़ी भूमिकाओं के लिए स्वयं को तैयार करना चाहते हैं लेकिन वर्तमान की छोटी ज़िम्मेदारियों को उतना महत्त्व नहीं देते। हम सोचते हैं जब समय आएगा तब अपना बेस्ट देंगे। परंतु जीवन का स्वभाव इससे भिन्न है। वह पहले छोटे कार्यों में हमारी निष्ठा को परखता है, फिर हमें बड़ी ज़िम्मेदारियाँ सौंपता है। जिसने छोटी बातों में लापरवाही को आदत बना लिया हो, वह बड़ी बातों में भी स्थिर नहीं रह सकता। उत्कृष्टता किसी एक उपलब्धि से नहीं, हर दिन किए गए छोटे-छोटे सही निर्णयों से जन्म लेती है।

समय के साथ मेरे लिए कर्तव्य का अर्थ भी बदल गया। पहले मुझे लगता था कि कर्तव्य वह है, जो करना आवश्यक हो। बाद में समझ में आया कि कर्तव्य केवल बाहरी ज़िम्मेदारी नहीं, अपने अंतःकरण के प्रति निष्ठा भी है। वही कार्य जिसे कोई देख न रहा हो, यदि उसे भी हम पूरी निष्ठा से करें तभी हमारा जीवन अंदर-बाहर से एक जैसा बनता है। मनुष्य की सबसे बड़ी शांति भी इसी एकरूपता से जन्म लेती है।

आज का समय परिणामों को ही सफलता का सबसे बड़ा प्रमाण मानने लगा है। लोग यह देखते हैं कि किसने कितना बड़ा कार्य किया, कितनी प्रसिद्धि पाई या कितनी सफलता प्राप्त की। बहुत कम लोग यह देख पाते हैं कि उन उपलब्धियों के पीछे वर्षों तक निभाई गई छोटी-छोटी ज़िम्मेदारियाँ थीं। कोई भी वृक्ष एक दिन में विशाल नहीं बनता। उसकी ऊँचाई का आधार उन असंख्य दिनों में छिपा होता है, जब वह बिना दिखाई दिए अपनी जड़ें गहरी कर रहा होता है। मनुष्य का जीवन भी इससे अलग नहीं है।

मैंने यह भी जाना कि निष्ठा केवल कार्य को श्रेष्ठ नहीं बनाती, कार्य करनेवाले को भी बदल देती है। जब हम हर छोटे कर्म में अपना पूरा मन लगाना सीख लेते हैं तब धीरे-धीरे यह हमारी आदत बन जाती है। फिर हम किसी विशेष अवसर पर

अच्छे बनने का प्रयास नहीं करते; अच्छा करना हमारा स्वभाव बन जाता है। यही वास्तविक महानता है; जब श्रेष्ठता प्रयास नहीं रहती, स्वभाव बन जाती है।

यही कारण है कि आज मैं महान कार्यों की प्रतीक्षा नहीं करती। केवल इतना चाहती हूँ कि आज मेरे सामने जो भी कर्तव्य है, उसे पूरी ईमानदारी, पूरे मन और निष्ठा से निभा सकूँ। क्योंकि अंततः जीवन कुछ बड़े अवसरों का नहीं बल्कि अनगिनत छोटे कर्मों का संचय है। वही छोटे कर्म मिलकर हमारे व्यक्तित्व की सबसे सच्ची पहचान बनते हैं।'

सोच की दहलीज़...

आज अपने दिन के सबसे छोटे कार्य को याद कीजिए। क्या आपने उसे भी उतनी ही निष्ठा से किया, जितनी किसी बड़े अवसर पर करते? क्योंकि जीवन कई बार हमारी पहचान उन कार्यों से बनाता है, जिन्हें हम स्वयं सबसे छोटा मान लेते हैं।

25

जहाँ विश्वास जागता है

'विश्वास वह शक्ति है, जिसके सहारे बिखरी हुई दुनिया भी फिर से प्रकाश तक पहुँच सकती है।'

हेलेन का विश्वास कहता है, 'जीवन में कुछ ऐसे क्षण आते हैं, जब बाहर सब कुछ वैसा ही रहता है पर अंदर कुछ बदलने लगता है। परिस्थितियाँ वही होती हैं, लोग भी वही होते हैं, रास्ते भी नहीं बदलते; फिर भी मन पहले जैसा नहीं रहता। तब पहली बार समझ में आता है कि मनुष्य को आगे बढ़ानेवाली शक्ति केवल बाहरी परिस्थितियाँ नहीं होतीं। उसके अंदर भी एक ऐसा आधार होता है, जो दिखाई नहीं देता पर वही उसे टूटने से बचाए रखता है। धीरे-धीरे मैंने जाना कि उस आधार का नाम विश्वास है।

समय ने मुझे यह सिखाया कि मनुष्य सबसे पहले अपनी परिस्थितियों से नहीं हारता। वह तब हारता है, जब उसके मन का विश्वास डगमगाने लगता है। उसी क्षण उसके सामने उपस्थित संभावनाएँ भी धुँधली पड़ने लगती हैं। यदि मन के किसी कोने में आशा की एक छोटी सी लौ भी जीवित रहे तो सबसे कठिन समय भी अंतिम नहीं लगता। तभी समझ में आया कि विश्वास वह आंतरिक शक्ति है, जो मनुष्य को कठिन परिस्थितियों में टूटने नहीं देती बल्कि आगे बढ़ने का बल देती है।

बहुत समय तक मुझे लगता था कि विश्वास तब आता है, जब जीवन हमारे अनुसार चलने लगे। जब कठिनाइयाँ कम हों, जब प्रयास सफल होने लगें और जब भविष्य थोड़ा स्पष्ट दिखाई दे। परंतु अनुभव ने यह भ्रम भी दूर कर दिया। जीवन

पहले विश्वास नहीं देता, पहले कदम माँगता है। जो मनुष्य अनिश्चितता के बीच भी चलना स्वीकार करता है, उसी में वह साहस जागने लगता है, जो आगे का मार्ग दिखाती है। विश्वास परिणाम का पुरस्कार नहीं है; वह यात्रा की शुरुआत है।

धीरे-धीरे यह भी समझ में आया कि विश्वास का अर्थ कठिनाइयों का अभाव नहीं है। वह यह नहीं कहता कि जीवन में कभी अँधेरा नहीं आएगा। उसका अर्थ केवल इतना है कि अँधेरा चाहे जितना गहरा हो, वह प्रकाश की संभावना को समाप्त नहीं कर सकता। कई बार बाहर कुछ भी बदलता हुआ दिखाई नहीं देता, फिर भी मन में एक भरोसा बना रहता है कि यह समय भी बीत जाएगा। वही विश्वास मनुष्य को रुकने नहीं देता।

मैंने अपने जीवन में देखा कि जब मनुष्य अपने बारे में बनी अच्छी धारणा खो देता है तब वह स्वयं अपनी राह का सबसे बड़ा अवरोध बन जाता है। उसे वही कार्य असंभव लगने लगते हैं, जिन्हें कभी वह पूरे उत्साह से करने निकला था। मगर जैसे ही उसका आत्मविश्वास लौटता है, परिस्थितियाँ बदलने से पहले उसकी दृष्टि बदलने लगती है। जो रास्ते बंद दिखाई देते थे, उनमें भी संभावना की एक छोटी सी दरार दिखाई देने लगती है। तब जाना कि जब मन बदलता है, तभी संसार बदलना आरम्भ होता है।

आज का समय हमें बहुत सारी सूचनाएँ देता है पर अपने ऊपर विश्वास करना नहीं सिखाता। हम दूसरों की सफलताएँ देखते हैं, उनकी उपलब्धियाँ देखते हैं और अनजाने में अपने जीवन को उन्हीं कसौटियों पर परखने लगते हैं। धीरे-धीरे हमारा ध्यान अपनी क्षमताओं से हटकर कमियों पर टिक जाता है। ऐसे समय में सबसे अधिक आवश्यकता इस बात की होती है कि मनुष्य स्वयं से अपना संबंध फिर से जोड़े। क्योंकि जो अपनी क्षमता पर भरोसा खो देता है, उसे बाहर का उजाला भी दिशा नहीं दे पाता।

समय के साथ मेरे लिए विश्वास का अर्थ भी बदल गया। पहले मुझे लगता था कि विश्वास किसी परिणाम की आशा है। बाद में समझ में आया कि विश्वास अपनी छिपी हुई संभावना को स्वीकार करना है। यह जानना कि आज मैं जहाँ हूँ, वही मेरी अंतिम पहचान नहीं है। मुझमें अभी भी सीखने, बदलने और आगे बढ़ने की क्षमता है। यही स्वीकार मनुष्य को फिर से आगे बढ़ने का साहस देता है।

मैंने अनुभव किया कि विश्वास की शक्ति जीवन को संभालती ही नहीं, मनुष्य को बदल भी देती है। जब हम बार-बार गिरकर भी उठना सीख लेते हैं तब हमारा

भरोसा किसी परिस्थिति पर नहीं, अपने अनुभव पर टिकने लगता है। फिर हमें हर बार प्रमाण की आवश्यकता नहीं होती। हम जानते हैं कि अंधेरा चाहे जितनी बार आए, विश्वास का प्रकाश फिर से जल सकता है। यही अनुभव विश्वास को विचार से आगे ले जाकर जीवन का आधार बना देता है।

यही कारण है कि आज मैं विश्वास को केवल एक भावना नहीं मानती। मेरे लिए यह वह मौन शक्ति है, जो मनुष्य को टूटने के बाद भी बिखरने नहीं देती। वही उसे यह साहस देती है कि वह एक बार फिर उठे, एक बार फिर चले और एक बार फिर अपने जीवन में प्रकाश का स्वागत करे। असल में संसार को बदलने से पहले मनुष्य को अपने जीवन में इस शक्ति को जगाए रखना सीखना चाहिए। जहाँ विश्वास कायम रहता है, वहाँ आशा कभी पूरी तरह समाप्त नहीं होती।'

सोच की दहलीज़...

अपने जीवन के उस समय को याद कीजिए, जब सब कुछ आपके विरुद्ध दिखाई दे रहा था। उस कठिन समय में आपको सबसे अधिक किसने संभाला था... परिस्थितियों ने, किसी अपने ने या आपके अपने विश्वास ने?...वही उत्तर आपके जीवन की सबसे बड़ी शक्ति का परिचय है।

26

चलते रहने की शक्ति

'यदि हम पूरे मन से किसी कार्य में निरंतर लगे रहें
तो कोई भी लक्ष्य असंभव नहीं रहता।'

हेलेन कहती है, 'जीवन को समझते-समझते मैंने एक बात बार-बार अनुभव की। मनुष्य के जीवन में सबसे बड़े परिवर्तन प्रायः उसी समय घट रहे होते हैं, जब बाहर से कुछ भी बदलता हुआ दिखाई नहीं देता। कई बार हम पूरी निष्ठा से प्रयास करते रहते हैं, फिर भी परिणाम सामने नहीं आता। ऐसे क्षणों में यह भ्रम होने लगता है कि शायद हमारी मेहनत व्यर्थ जा रही है। परंतु धीरे-धीरे समझ में आया कि हर परिवर्तन पहले अदृश्य रूप में जन्म लेता है, उसके बाद ही दिखाई देता है।

शुरुआत करना अधिकांश लोगों के लिए कठिन नहीं होता। नया लक्ष्य, नया उत्साह, नई आशाएँ मन को ऊर्जा से भर देती हैं। वास्तविक परीक्षा तब शुरू होती है, जब वही उत्साह धीरे-धीरे सामान्य दिनचर्या में बदलने लगता है। जब हर दिन एक जैसा प्रतीत हो, प्रगति बहुत धीमी लगे और मन बार-बार पूछने लगे कि 'क्या ये सब सचमुच किसी मंज़िल तक पहुँचेगा' तभी यह तय होता है कि इच्छा अधिक बड़ी है या धैर्य।

समय ने मुझे यह सिखाया कि निरंतरता का अर्थ कभी न थकना नहीं है। इसका अर्थ है, थक जाने के बाद भी अपने उद्देश्य से मुँह न मोड़ना। कभी गति तेज़ होगी, कभी धीमी; कभी मन प्रसन्न रहेगा, कभी बोझिल। लेकिन जो इंसान हर बार

स्वयं को फिर से अपने मार्ग पर लौटा लाता है, वही धीरे-धीरे वहाँ पहुँचता है, जहाँ पहुँचने की उसने कल्पना की थी।

मैंने यह भी देखा कि हम प्रायः परिणाम देखकर अपने प्रयासों का मूल्य तय करते हैं। यदि सफलता जल्दी मिल जाए तो विश्वास बढ़ जाता है और यदि देर हो जाए तो वही प्रयास हमें निरर्थक लगने लगते हैं। बाद में समझ में आया कि प्रत्येक ईमानदार प्रयास लक्ष्य तय करने से पहले मनुष्य को बदलता है। हर दिन किया गया अभ्यास उसकी समझ को थोड़ा गहरा करता है, उसका धैर्य थोड़ा बढ़ाता है और उसके व्यक्तित्व को उस ज़िम्मेदारी के योग्य बनाता है, जिसे वह पाना चाहता है। यही परिवर्तन धीरे-धीरे सफलता की नींव बनते हैं।

हमें तुरंत परिणाम देखने की आदत है। हम चाहते हैं कि हर प्रयास का फल तुरंत दिखाई दे। यदि कुछ समय तक कोई स्पष्ट परिवर्तन न दिखे तो हम दिशा बदल देते हैं। इसी कारण अनेक लोग अपने लक्ष्य तक पहुँचने से पहले ही लौट जाते हैं। वे असफल इसलिए नहीं होते कि उनमें क्षमता नहीं होती; वे इसलिए रुक जाते हैं क्योंकि उन्हें अपने प्रयासों का अदृश्य विकास दिखाई नहीं देता।

धीरे-धीरे मेरे लिए सफलता का अर्थ भी बदल गया। पहले लगता था सफलता मंज़िल तक पहुँचने का नाम है। बाद में समझ में आया कि सफलता उस मनुष्य का निर्माण है, जो मंज़िल तक पहुँचने योग्य बन चुका है। यदि यह परिवर्तन हो गया तो उपलब्धि केवल समय का प्रश्न रह जाती है। वरना यह परिवर्तन नहीं हुआ तो लक्ष्य मिल जाने पर भी इंसान स्थिर नहीं रह पाता।

मैंने यह भी जाना कि निरंतरता केवल लक्ष्य तक पहुँचने का साधन नहीं है, यह जीवन जीने का संस्कार है। जब कोई इंसान छोटे-छोटे कार्यों में भी नियमित रहना सीख लेता है तब यह गुण उसके व्यक्तित्व का हिस्सा बन जाता है। फिर उसे आगे बढ़ने के लिए हर दिन नए उत्साह की आवश्यकता नहीं पड़ती। उसका अनुशासन ही उसे वहाँ तक ले जाता है, जहाँ केवल प्रेरणा के सहारे चलनेवाले लोग अकसर बीच रास्ते में ठहर जाते हैं।

इसीलिए आज मैं किसी लक्ष्य की कठिनाई से अधिक, अपने कदमों की स्थिरता पर ध्यान देती हूँ। क्योंकि मैंने अनुभव किया मंज़िल तक पहुँचनेवाले लोग हमेशा सबसे प्रतिभाशाली नहीं होते; वे वही होते हैं जिन्होंने चलते रहने का निर्णय दूसरों से थोड़ा अधिक समय तक निभाया होता है। अंततः सफलता किसी एक बड़े

प्रयास की देन नहीं होती, वह उन असंख्य दिनों का शांत परिणाम होती है, जब मनुष्य बिना शोर किए अपने मार्ग पर बना रहता है।'

सोच की दहलीज़...

अपने जीवन के उस कार्य को याद कीजिए, जिसे आपने केवल इसलिए अधूरा छोड़ दिया क्योंकि परिणाम देर से मिल रहे थे। यदि आज आप उसी दिशा में एक छोटा सा कदम फिर से बढ़ाएँ तो क्या संभव है कि मंज़िल अब भी आपकी प्रतीक्षा कर रही हो?

27

जहाँ शक्तियाँ जुड़ती हैं

'अकेले हम कितना कम हासिल कर सकते हैं
लेकिन साथ मिलकर बहुत कुछ कर सकते हैं।'

'पीछे मुड़कर अपने जीवन को देखती हूँ तो एक बात बहुत स्पष्ट दिखाई देती है- मेरी यात्रा केवल मेरी नहीं थी। उसमें अनेक हाथों का स्पर्श, अनेक लोगों का विश्वास और अनेक प्रयासों का मौन योगदान जुड़ा हुआ था। इसी कारण मैं कहती हूँ कि अकेले हम बहुत कम हासिल कर सकते हैं लेकिन साथ मिलकर बहुत कुछ संभव हो जाता है।' ये हेलेन के केवल शब्द नहीं, उसके अनुभव का सार हैं।

हेलेन आगे कहती है, 'जीवन की कुछ सच्चाइयाँ हमें धीरे-धीरे समझ में आती हैं। उनमें से एक यह है कि मनुष्य चाहे कितना भी सक्षम क्यों न हो, वह अपने आपमें पूर्ण नहीं होता। हर मनुष्य के पास कुछ विशेषताएँ होती हैं और कुछ सीमाएँ भी। कोई दूर तक देखने की क्षमता रखता है, कोई धैर्य से साथ निभाना जानता है, कोई नए विचारों को जन्म देता है तो कोई उन विचारों को वास्तविकता में बदलने का कौशल रखता है। तब समझ में आता है कि जीवन की अनेक सुंदर उपलब्धियाँ किसी एक मनुष्य की नहीं, अनेक लोगों की साझा की हुई यात्रा का परिणाम होती हैं।

लंबे समय तक मुझे भी लगता था कि महान कार्य असाधारण व्यक्तियों के कारण पूरे होते हैं। बाद में समझ आया कि कोई भी बड़ा कार्य अकेले नहीं पूरा

होता। उसके पीछे अनेक दृश्य और अदृश्य हाथ होते हैं। किसी का विश्वास, किसी का मार्गदर्शन, किसी का धैर्य और किसी का निरंतर प्रयास मिलकर ही किसी सपने को आकार देते हैं। जो उपलब्धि बाहर एक दिखाई देती है, उसके अंदर अनेक लोगों की निष्ठा जुड़ी होती है।

धीरे-धीरे मैंने यह भी समझा कि साथ काम करना केवल लोगों का एकत्र हो जाना नहीं है। वास्तविक सहयोग तब जन्म लेता है, जब लोग अपनी भिन्नताओं को स्वीकार करते हुए एक साझा उद्देश्य के लिए जुड़ते हैं। वहाँ कोई स्वयं को सबसे बड़ा सिद्ध करने में नहीं लगा होता। प्रत्येक मनुष्य यह समझता है कि उसके पास संपूर्ण उत्तर नहीं है पर उसके पास ऐसा कुछ अवश्य है, जो इस सामूहिक प्रयास को और बेहतर बना सकता है।

प्रकृति भी हमें यही शिक्षा देती है। एक बूँद अपने आपमें छोटी होती है पर असंख्य बूँदें मिलकर नदी बन जाती है। एक तंतु से वस्त्र नहीं बनता पर अनेक धागे मिलकर एक मजबूत कपड़ा बनाते हैं। एक स्वर मधुर हो सकता है लेकिन अनेक स्वरों का संतुलन संगीत रच देता है। जीवन की सबसे बड़ी रचनाएँ मिलकर किए गए प्रयासों से जन्म लेती हैं।

समय के साथ मैंने यह अनुभव किया कि सहयोग केवल कार्य को बड़ा नहीं बनाता, मनुष्य को भी बड़ा बनाता है। जब हम दूसरों के साथ मिलकर काम करना सीखते हैं तब हमें अपनी सीमाओं का भी बोध होता है और दूसरों की विशेषताओं का सम्मान करना भी आता है। धीरे-धीरे अहंकार का स्थान विनम्रता में बदलता है। हम समझने लगते हैं कि आगे बढ़ना केवल स्वयं आगे निकल जाना नहीं है; कभी-कभी दूसरों के साथ कदम मिलाकर चलना भी उतना ही महत्वपूर्ण होता है।

आज का समय व्यक्तिगत उपलब्धियों को बहुत महत्त्व देता है। हर मनुष्य अलग दिखाई देना चाहता है, अपनी पहचान बनाना चाहता है। यह स्वाभाविक भी है। लेकिन इस प्रयास में हम कभी-कभी यह भूल जाते हैं कि मनुष्य का विकास केवल प्रतिस्पर्धा से नहीं, सहयोग से भी होता है। कोई भी समाज, कोई भी संस्था या कोई भी स्थायी परिवर्तन केवल एक मनुष्य की क्षमता से नहीं बनता। उसके पीछे अनेक लोगों की साझा प्रतिबद्धता कार्य कर रही होती है।

मैंने यह भी देखा है कि साथ मिलकर काम करने का सबसे बड़ा आधार समानता नहीं, विश्वास है। लोग एक-दूसरे से अलग हो सकते हैं, उनकी क्षमताएँ

और दृष्टिकोण भी अलग हो सकते हैं, फिर भी यदि उनके बीच विश्वास हो तो वे मिलकर ऐसे कार्य कर गुजरते हैं, जो अकेले किसी एक के लिए संभव नहीं थे। विश्वास लोगों को जोड़ता है और साझा उद्देश्य उन्हें दिशा देता है।

धीरे-धीरे यह भी स्पष्ट हुआ कि जीवन की बड़ी रचनाएँ किसी एक प्रतिभा का विस्तार नहीं होतीं। वे अनेक क्षमताओं के मिलन से जन्म लेती हैं। कोई बीज बोता है, कोई उसे सींचता है, कोई उसकी रक्षा करता है और कोई उसके फल को समाज तक पहुँचाता है। उपलब्धि अंततः किसी एक की नहीं रहती; वह सबके मिले-जुले सहयोग से सृजन बन जाती है।

मेरे लिए सफलता का अर्थ भी बदल गया। पहले मुझे लगता था कि सफलता वह है, जिसे मनुष्य अपने बल पर प्राप्त करे। बाद में समझ में आया कि वास्तविक सफलता वह है, जो अपने साथ दूसरों के योगदान को भी सम्मान दे सके। जो यह स्वीकार कर सके कि मेरी यात्रा में मैं अकेला नहीं था। मेरे जीवन की उपलब्धियों में अनेक लोगों का परिश्रम जुड़ा हुआ है।

यही कारण है आज मैं इस बात को अधिक गहराई से समझती हूँ कि जब उद्देश्य एक हो, विश्वास जागृत हो और प्रत्येक मनुष्य अपनी क्षमता को पूरे मन से जोड़ दे तब सीमित संसाधन भी बड़ी उपलब्धियों का आधार बन जाते हैं। क्योंकि जीवन की कुछ सबसे सुंदर उपलब्धियाँ किसी एक प्रतिभा की विजय नहीं होतीं; वे अनेक हृदयों, प्रयासों और विश्वासों के मिलन से जन्म लेती है।'

सोच की दहलीज़...

अपने जीवन की किसी ऐसी उपलब्धि को याद कीजिए, जिस पर आपको गर्व है। फिर एक क्षण रुककर सोचिए, 'क्या वह सचमुच केवल आपके प्रयासों का परिणाम थी या उसमें कुछ ऐसे लोगों का भी योगदान जुड़ा था, जिनके बिना वह यात्रा वैसी नहीं बन पाती?' इसी उत्तर में सहयोग की वास्तविक शक्ति छिपी है।

28

बंद दरवाज़े के उस पार

*'जब खुशी का एक दरवाज़ा बंद होता है तो दूसरा खुल जाता है;
लेकिन अकसर हम बंद दरवाज़े की ओर इतनी देर तक देखते रहते हैं
कि हमें वह दरवाज़ा दिखाई ही नहीं देता, जो हमारे लिए खोला गया है।'*

यह केवल एक विचार नहीं, हेलेन के जीवन की यात्रा से उपजा अनुभव है। वह कहती है, 'अपने जीवन को देखती हूँ तो पाती हूँ कि जो बातें एक समय मुझे अंत लग रही थीं, वे वास्तव में किसी नई शुरुआत की भूमिका थीं। कई बार मैंने भी उन चीज़ों के लिए दुःख अनुभव किया, जो मुझसे दूर चली गईं। लेकिन धीरे-धीरे समझ में आया कि जीवन जब एक दरवाज़ा बंद करता है तब वह कहीं न कहीं एक नया द्वार भी खोल रहा होता है। कठिनाई यह है कि हमारा मन अकसर उसी बंद दरवाज़े की ओर इतनी देर तक देखता रहता है कि सामने खुल रही नई संभावना को पहचान ही नहीं पाता।

जीवन में कुछ क्षण ऐसे आते हैं, जब सब कुछ अचानक बदल जाता है। जिस बात पर हमारा विश्वास टिका होता है, वह हमारे हाथ से निकल जाती है। कोई संबंध टूट जाता है, कोई अवसर छूट जाता है, कोई सपना पूरा नहीं हो पाता या परिस्थितियाँ ऐसा मोड़ ले लेती हैं, जिसकी हमने कभी कल्पना भी नहीं की होती। ऐसे समय मन स्वाभाविक रूप से उसी ओर ठहर जाता है, जो उससे दूर हो गया है। वह बार-बार पीछे मुड़कर देखता है और सोचता है कि यदि ऐसा न हुआ होता तो जीवन कितना अलग होता।

एक समय तक मुझे भी लगता था कि जीवन की सबसे बड़ी पीड़ा किसी प्रिय वस्तु या अवसर को खो देने में है। परंतु धीरे-धीरे समझ में आया कि पीड़ा केवल खोने में नहीं होती। उसका एक कारण यह भी होता है कि जो चला गया है, उससे हम अपने मन को अलग नहीं कर पाते। हमारा ध्यान उसी बंद दरवाज़े पर ठहरा रहता है। परिणामतः जीवन हमारे सामने जो नए अवसर रखता है, वे हमारी दृष्टि में आ ही नहीं पाते।

समय ने मुझे सिखाया कि जीवन कभी केवल एक संभावना पर नहीं टिकता। एक मार्ग बंद होता है तो दूसरा जन्म लेता है। एक अध्याय समाप्त होता है तो कहीं कोई नया आरम्भ भी हमारा इंतजार कर रहा होता है। समस्या यह नहीं कि जीवन हमें अवसर नहीं देता। समस्या यह है कि हमारा मन कई बार उस परिवर्तन को स्वीकार करने के लिए तैयार नहीं होता।

धीरे-धीरे मैंने यह भी जाना कि हर बंद दरवाज़ा केवल अभाव का प्रतीक नहीं होता। कई बार वह दिशा बदलने का निमंत्रण भी होता है। उस समय यह बात समझ में नहीं आती क्योंकि मन उस हानि से भरा होता है, जो अभी-अभी हुई है। लेकिन कुछ दूरी से देखने पर अनुभव होता है कि जीवन हमें उसी स्थान पर हमेशा नहीं रहने देना चाहता था। वह हमें कुछ नया सिखाना चाहता था, कुछ नया दिखाना चाहता था या हमें किसी ऐसी राह पर ले जाना चाहता था, जिसकी कल्पना हमने पहले नहीं की थी।

प्रकृति भी हमें यही शिक्षा देती है। पतझड़ में वृक्ष अपने पत्ते खो देता है। उस समय वह खाली दिखाई देता है। यदि वह उसी खोए हुए सौंदर्य के शोक में ठहर जाए तो उसमें नए पत्ते कभी नहीं आ पाएँगे। पर प्रकृति जानती है कि हर समाप्ति अपने अंदर एक नई शुरुआत का बीज लेकर आती है। इसलिए वह छोड़ना भी जानती है और फिर से खिलना भी।

मैंने देखा है कि मनुष्य के जीवन की अनेक पीड़ाएँ इस कारण लंबी हो जाती हैं क्योंकि वह जो समाप्त हो गया है, उसे समाप्त मानने के लिए तैयार नहीं होता। वह अपने मन में बार-बार उसी घटना को दोहराता है। धीरे-धीरे उसका ध्यान वर्तमान से हटकर अतीत में रहने लगता है। तब वह उन लोगों को नहीं देख पाता, जो आज उसके साथ हैं; उन अवसरों को नहीं पहचान पाता, जो आज उसके सामने हैं; और उन संभावनाओं को भी नहीं देख पाता, जो उसके जीवन में प्रवेश करना चाहती हैं।

आज का समय भी हमें इसी परीक्षा से गुजारता है। हम किसी एक असफलता को अपनी अंतिम पहचान मान लेते हैं। किसी एक छूटे अवसर को जीवन का सबसे बड़ा नुकसान समझ लेते हैं। किसी एक निराशा के कारण यह मान बैठते हैं कि अब कुछ नया संभव नहीं है। लेकिन जीवन का स्वभाव इससे कहीं अधिक उदार है। वह हर मोड़ पर हमें फिर से आरम्भ करने का अवसर देता है। प्रश्न केवल इतना है कि क्या हम अपने मन को उस नए द्वार की ओर मोड़ने के लिए तैयार हैं?

धीरे-धीरे मेरे लिए आशा का अर्थ भी बदल गया। पहले मुझे लगता था कि आशा वही है, जो हमारी इच्छा के अनुसार घटित हो। बाद में समझ में आया कि आशा वह क्षमता है, जिसके कारण हम यह स्वीकार कर पाते हैं कि जो चला गया, वही जीवन की अंतिम संभावना नहीं थी। अभी भी कुछ ऐसा है, जो हमारी प्रतीक्षा कर रहा है; अभी भी कोई ऐसा द्वार है, जो खुलने के लिए तैयार है।

यही कारण है कि आज मैं किसी बंद दरवाज़े को केवल अंत नहीं मानती। मैं उसे एक विराम की तरह देखती हूँ, जो हमें कुछ देर रुककर अपनी दिशा को नए दृष्टिकोण से देखने का अवसर देता है। क्योंकि जीवन की सबसे सुंदर संभावनाएँ कई बार उसी समय दिखाई देती हैं, जब हम खोई हुई बातों से अपनी दृष्टि हटाकर उन बातों को देखना शुरू करते हैं, जो अब भी हमारे सामने खुल रही हैं।

इसी कारण मुझे हमेशा लगता है कि जीवन की परिपक्वता इस बात में नहीं है कि हम कुछ भी न खोएँ। उसकी परिपक्वता इस बात में है कि हम खोने के बाद भी नए प्रकाश को पहचानना सीख लें। क्योंकि जब एक दरवाज़ा बंद होता है तब जीवन कहीं न कहीं एक और दरवाज़ा अवश्य खोल रहा होता है।'

सोच की दहलीज़...

क्या आपके जीवन में आज भी कोई ऐसा बंद दरवाज़ा है, जिसे आप मन से छोड़ नहीं पाए हैं? यदि आप कुछ क्षण के लिए उससे अपनी दृष्टि हटाएँ तो क्या संभव है कि आपके सामने कोई नया द्वार पहले से खुला हुआ हो?

29

जब मन नहीं झुकता

'कभी अपना सिर मत झुकाओ
उसे ऊँचा रखो और दुनिया का सामना सीधे करो।'

'जब मैं अपने जीवन की ओर देखती हूँ तो मुझे एक बात समझ में आती है कि संसार हमेशा हमारे अनुसार व्यवहार नहीं करता। लोग हमें समझें, परिस्थितियाँ अनुकूल हों और हर प्रयास सफल हो, ऐसा भी नहीं होता। कई बार जीवन ऐसे अनुभवों से गुजारता है कि हम स्वयं पर ही संदेह करने के लिए विवश हो जाते हैं। ऐसे समय मैंने अपने आपसे एक ही बात कही, कभी अपना सिर मत झुकाओ। उसे ऊँचा रखो और दुनिया का सामना सीधे करो।' यह हेलेन के अनुभव से निकला हुआ सत्य है।

वह आगे कहती है, 'यह केवल साहस का वाक्य नहीं है बल्कि अपने अस्तित्व का सम्मान बनाए रखने का निर्णय है। मैंने समझा कि मनुष्य सबसे पहले बाहर से नहीं टूटता। वह तब टूटने लगता है, जब अपने ही मूल्य पर संदेह करने लगता है। जिस दिन वह स्वयं की दृष्टि में छोटा हो जाता है, उसी दिन संसार की छोटी सी ठोकर भी उसे बहुत बड़ी दिखाई देने लगती है। तभी मैंने जाना कि सिर ऊँचा रखना केवल शरीर की मुद्रा नहीं, अपने होने की गरिमा को याद रखने की कला है।

जीवन में कुछ अनुभव ऐसे आते हैं, जो मनुष्य की दिशा बदल देते हैं। एक असफलता, किसी का अस्वीकार या कोई गहरी निराशा उसे यह सोचने पर विवश

कर देती है कि शायद वह उतना सक्षम नहीं है, जितना उसने स्वयं को समझा था। यहीं से उसका संघर्ष परिस्थितियों से कम और स्वयं के साथ अधिक होने लगता है।

एक समय तक मुझे भी लगता था कि सिर ऊँचा रखना केवल साहस की बात है। बाद में समझ में आया कि यह उससे कहीं अधिक गहरा विषय है। सिर झुकना केवल शरीर की मुद्रा नहीं, मन की अवस्था है। जब मनुष्य अपनी गरिमा, अपनी संभावना और अपने होने के सम्मान को भूलने लगता है तब वह धीरे-धीरे अंदर से झुकने लगता है और जब मन झुक जाता है तब संसार का सबसे छोटा आघात भी बहुत बड़ा दिखाई देने लगता है।

समय ने मुझे यह भी सिखाया कि जीवन किसी को भी ऐसी परिस्थितियों से मुक्त नहीं रखता, जो उसके आत्मविश्वास की परीक्षा लें। हम सभी कभी न कभी असफल होते हैं, गलत समझे जाते हैं, अस्वीकार किए जाते हैं या अपनी सीमाओं से टकराते हैं। परंतु इन अनुभवों का उद्देश्य हमें छोटा बनाना नहीं होता। वे हमें यह सिखाने आते हैं कि हमारी पहचान किसी एक घटना से कहीं बड़ी है।

धीरे-धीरे यह बात स्पष्ट होने लगी कि आत्मसम्मान का अर्थ स्वयं को सबसे श्रेष्ठ मानना नहीं है। उसका अर्थ केवल इतना है कि परिस्थितियाँ चाहे जैसी हों, फिर भी मनुष्य अपने मूल्य को न भूले। जो मनुष्य स्वयं को सम्मान देना सीख लेता है, वह दूसरों की प्रशंसा से अत्यधिक ऊँचा नहीं उठता और आलोचना से पूरी तरह टूटता भी नहीं। उसकी दृष्टि बाहर की प्रतिक्रियाओं से हटकर अपने सत्य पर टिकने लगती है।

मैंने देखा है कि बहुत से लोग अपनी कमियों को अपनी पहचान बना लेते हैं। वे स्वयं को उन्हीं बातों से परिभाषित करने लगते हैं, जो उनके जीवन में नहीं हैं। धीरे-धीरे उनका ध्यान अपनी क्षमताओं से अधिक, अपनी सीमाओं पर ठहर जाता है। परंतु मनुष्य केवल अपनी सीमाओं का नाम नहीं है। उसके भीतर कुछ ऐसी विशेषताएँ भी हैं, जो किसी असफलता से छोटी नहीं हो जातीं। जो अपनी अपूर्णताओं के साथ स्वयं को स्वीकार करना सीख लेता है, वह धीरे-धीरे अपनी गरिमा को परिस्थितियों से स्वतंत्र करना भी सीख लेता है।

हम दूसरों की उपलब्धियाँ, उनका आत्मविश्वास देखते हैं और अनजाने में स्वयं को उनके मापदंडों पर परखने लगते हैं। हमें लगने लगता है कि हम पर्याप्त नहीं हैं। ऐसे समय सबसे अधिक आवश्यकता इस बात की होती है कि मनुष्य स्वयं के

साथ अपना संबंध फिर से स्थापित करे। क्योंकि जो स्वयं की दृष्टि में ही छोटा हो जाता है, उसे संसार का कोई सम्मान स्थायी संतोष नहीं दे सकता।

समय के साथ मेरे लिए सिर ऊँचा रखने का अर्थ भी बदल गया। पहले मुझे लगता था इसका अर्थ कठिनाइयों के सामने कभी कमजोर न पड़ना है। बाद में समझ में आया कि इसका अर्थ हर समय मजबूत दिखाई देना नहीं बल्कि कठिन क्षणों में भी अपने सम्मान को जगाए रखना है। रोते हुए भी सिर ऊँचा रखा जा सकता है, असफल होकर भी गरिमा के साथ खड़ा रहा जा सकता है और उत्तर न होने पर भी स्वयं पर विश्वास बनाए रखा जा सकता है।

मैंने यह भी अनुभव किया कि मनुष्य की वास्तविक शक्ति उसकी सफलताओं से नहीं, स्वयं को स्वीकार करने की क्षमता से जन्म लेती है। जिस दिन वह यह समझ लेता है कि उसकी परिस्थितियाँ, उपलब्धियाँ बदल सकती हैं पर उसका मूल्य इन सबसे बड़ा है, उसी दिन उसके अंदर एक नई स्थिरता जन्म लेने लगती है। तब वह दुनिया का सामना भय से नहीं, गरिमा के साथ करना सीख जाता है।

यही कारण है कि आज मैं इस वाक्य को केवल प्रेरणा नहीं, जीवन का एक गहरा सत्य मानती हूँ कि कभी अपना सिर मत झुकाओ। क्योंकि जीवन की सबसे कठिन परिस्थितियाँ भी मनुष्य से बहुत कुछ छीन सकती हैं पर उसका आत्मसम्मान तभी छीन पाती हैं, जब वह स्वयं उसे छोड़ दे। जहाँ अपने होने का सम्मान जीवित रहता है, वहाँ कठिनाइयाँ मनुष्य को झुका तो सकती हैं पर उसे छोटा नहीं बना सकतीं।'

सोच की दहलीज़...

अपने जीवन की किसी ऐसी घटना को याद कीजिए, जिसके बाद आपने स्वयं को पहले से कम महत्वपूर्ण समझना शुरू कर दिया था। अब स्वयं से पूछिए, 'क्या वह घटना सचमुच आपकी पहचान थी या केवल आपकी यात्रा का एक कठिन पड़ाव था?'... इस जवाब में आपका खोया हुआ आत्मसम्मान फिर से लौट आएगा।

30

जहाँ दृष्टि आकाश तक पहुँचती है

'किसी निराशावादी ने कभी तारों के रहस्य नहीं खोजे।'

यह विचार हेलेन ने किसी सिद्धांत के रूप में नहीं, अपने जीवन के अनुभवों से अर्जित सत्य के रूप में कहा। वह कहती है, 'मनुष्य की सीमाएँ उतनी बड़ी नहीं होतीं, जितनी उसकी निराशा होती है। जीवन में ऐसे अनेक क्षण आए, जब मेरे पास कारण अधिक थे हार मान लेने के और अवसर कम थे आशा रखने के। फिर भी मैंने पाया कि यदि मन निराशा के आगे झुक जाए तो वह उन संभावनाओं को भी खो देता है, जो उसके सामने उपस्थित हैं। तभी मैंने जाना कि तारों तक पहुँचने की यात्रा आँखों से नहीं, दृष्टि से शुरू होती है।'

'धीरे-धीरे मुझे समझ में आया कि निराशावाद केवल उदासी नहीं है। वह जीवन को देखने का एक ऐसा ढंग है, जिसमें हर संभावना से पहले बाधा दिखाई देती है। वहाँ हर नए प्रयास से पहले असफलता की कल्पना खड़ी हो जाती है। मनुष्य कदम उठाने से पहले ही स्वयं को रोक लेता है। उसके सामने मार्ग होते हैं पर उसे केवल बंद दरवाजे दिखाई देते हैं।

एक समय तक मुझे लगता था कि आशावादी होना केवल सकारात्मक सोच रखने का नाम है। बाद में समझ में आया कि आशावाद का अर्थ कठिनाइयों से इनकार करना नहीं है बल्कि मनुष्य अंधकार की उपस्थिति में भी प्रकाश की संभावना को न भूलना, सच्चा आशावादी है।

समय ने मुझे सिखाया कि संसार की हर बड़ी खोज पहले किसी की कल्पना में जन्म लेती है। कोई नई दिशा, कोई नया विचार और कोई नया परिवर्तन तब तक संभव नहीं होता, जब तक कोई यह विश्वास न करे कि वर्तमान से आगे भी कुछ हो सकता है। जो मनुष्य केवल सीमाओं को देखता है, वह खोज की यात्रा शुरू ही नहीं कर पाता। परंतु जो संभावना को देखने का साहस रखता है, वही अज्ञात की ओर पहला कदम बढ़ाता है।

प्रकृति भी हमें यही शिक्षा देती है। बीज यदि मिट्टी के अंधकार को ही अपना अंतिम सत्य मान ले तो कभी वृक्ष नहीं बन सकता। नदी यदि चट्टानों को देखकर रुक जाए तो समुद्र तक नहीं पहुँच सकती। आकाश में चमकते तारे भी उन्हीं लोगों के लिए रहस्य बनते हैं, जो सिर उठाकर उन्हें देखने का धैर्य रखते हैं। जो केवल अपने पैरों के सामने की धूल को देखते रहते हैं, वे आकाश की विशालता से अनजान रह जाते हैं।

धीरे-धीरे मेरे लिए आशा का अर्थ भी बदल गया। बाद में समझ में आया कि आशा केवल अच्छे परिणाम की प्रतीक्षा नहीं है। वह मनुष्य की ऐसी क्षमता है, जो उसे वर्तमान से आगे देखने की प्रेरणा देती है। वही प्रेरणा उसे नए प्रश्न पूछने, नए मार्ग खोजने और अज्ञात को स्वीकार करने का साहस देती है। वह यह नहीं कहती कि यात्रा आसान होगी; वह केवल इतना याद दिलाती है कि यात्रा अभी समाप्त नहीं हुई है।

मैंने यह भी देखा कि निराशा मनुष्य की कल्पना को सीमित कर देती है। वह उसे केवल आज की कठिनाइयों तक बाँध देती है। तब वह यह सोचना भी बंद कर देता है कि भविष्य वर्तमान से भिन्न हो सकता है। इसी कारण निराशा केवल मनःस्थिति नहीं, संभावनाओं के द्वार बंद करनेवाली दृष्टि बन जाती है।

आज का समय मनुष्य के सामने अनिश्चितताओं के अनेक कारण रखता है। भविष्य को लेकर आशंकाएँ भी हैं और परिवर्तन की गति भी पहले से कहीं अधिक है। ऐसे समय में केवल सावधानी पर्याप्त नहीं है; आगे बढ़ने के लिए जिज्ञासा और संभावना की दृष्टि भी उतनी ही आवश्यक है।

समय के साथ मैंने यह जाना कि तारों के रहस्य केवल आकाश में नहीं छिपे हैं। वे मनुष्य की उस दृष्टि में छिपे हैं, जो वर्तमान की सीमाओं से आगे देखने का साहस करती है। जो मनुष्य अपनी परिस्थितियों को अंतिम सत्य मानने से इनकार कर देता है, वह अपने जीवन में भी नए आकाश खोजने लगता है।

धीरे-धीरे मैंने जाना कि जीवन की पूरी यात्रा का सार भी यही है- अंधकार, सीमाओं और कठिनाइयों के बीच अपनी दृष्टि को आकाश की ओर उठाए रखना।

आज पीछे मुड़कर अपने जीवन को देखती हूँ तो मुझे लगता है मैंने संसार को आँखों से कम और संभावना की दृष्टि से अधिक जाना। मेरे लिए तारे केवल आकाश में चमकते हुए बिंदु नहीं रहे; वे उन सभी संभावनाओं के प्रतीक बन गए, जो पहली नज़र में असंभव लगती हैं। इसी कारण मुझे हमेशा विश्वास रहा कि जब तक मनुष्य अपनी दृष्टि को आकाश की ओर उठाए रखता है तब तक कोई अंधकार अंतिम नहीं होता।'

सोच की दहलीज़...

इस पूरी यात्रा के बाद अब स्वयं से केवल एक प्रश्न पूछिए, 'क्या आप अपने जीवन को केवल वैसा ही देख रहे हैं, जैसा आज दिखाई दे रहा है या वैसा भी देखने का साहस रखते हैं, जैसा वह बन सकता है? संभव है कि इसी प्रश्न के उत्तर में आपके अपने आकाश और आपके अपने तारे आपका इंतज़ार कर रहे हों।

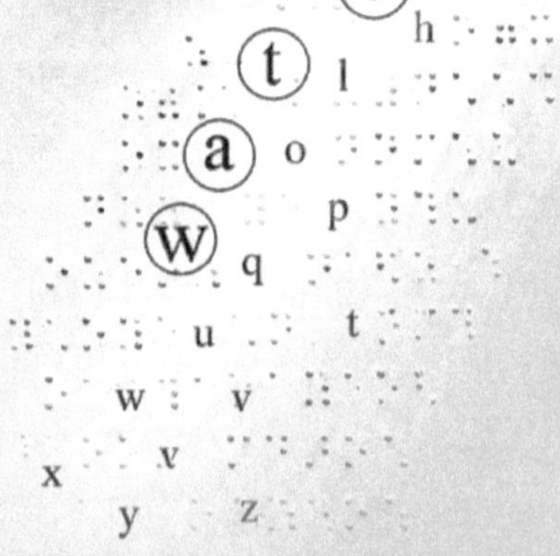

पुस्तक पढ़ने के बाद आप अपने अभिप्राय इस ई-मेल आय डी पर पोस्ट करें- books.feedback@tejgyan.org

सरश्री – अल्प परिचय

स्वीकार मुद्रा

सरश्री की आध्यात्मिक खोज का सफर उनके बचपन से प्रारंभ हो गया था। इस खोज के दौरान उन्होंने अनेक प्रकार की पुस्तकों का अध्ययन किया। अपने आध्यात्मिक अनुसंधान के दौरान उन्होंने लगभग सभी ध्यान पद्धतियों का भी अभ्यास किया। उनकी इसी खोज ने उन्हें कई वैचारिक और शैक्षणिक संस्थानों की ओर बढ़ाया। जीवन का रहस्य समझने के लिए उन्होंने **एक लंबी अवधि तक मनन करते हुए अपनी खोज जारी रखी, जिसके अंत में उन्हें आत्मबोध प्राप्त हुआ। आत्मसाक्षात्कार के बाद उन्होंने जाना कि अध्यात्म का हर मार्ग जिस कड़ी से जुड़ा है वह है– समझ (अंडरस्टैण्डिंग)।** उसके बाद उन्होंने अपने तत्कालीन अध्यापन कार्य को विराम लगाते हुए, लगभग दो दशकों से भी अधिक समय अपना समस्त जीवन मानवजाति के कल्याण और उसके आध्यात्मिक विकास हेतु अर्पण किया है।

सरश्री कहते हैं, 'सत्य के सभी मार्गों की शुरुआत अलग-अलग प्रकार से होती है लेकिन सभी के अंत में एक ही समझ प्राप्त होती है। **'समझ' ही सब कुछ है और यह 'समझ' अपने आपमें पूर्ण है।** आध्यात्मिक ज्ञान प्राप्ति के लिए इस 'समझ' का श्रवण ही पर्याप्त है।' इसी समझ को उजागर करने के लिए उन्होंने आज तक **चार हज़ार से अधिक आध्यात्मिक विषयों पर प्रवचन दिए हैं,** जिनके द्वारा वे अध्यात्म की गहरी संकल्पनाएँ सीधे और व्यावहारिक रूप में समझाते हैं। समाज के हर स्तर का इंसान सरश्री द्वारा बताई जा रही समझ का लाभ ले सकता है, इसके लिए किसी भी धर्म, जाति, उपजाति, वर्ण, पंथ, रंग या लिंग का बंधन नहीं है। विश्व के हर कोने में बसे लोग आज तेजज्ञान का लाभ ले रहे हैं। इस व्यवस्था के एक हिस्से के रूप में लाखों लोग रोज़ सुबह और रात को ९ बजकर ९ मिनट पर विश्व शांति के लिए प्रार्थना करते हैं।

सरश्री – अल्प परिचय

सरश्री तेजज्ञान यूट्यूब चैनल

तेजज्ञान फाउण्डेशन – परिचय

तेजज्ञान फाउण्डेशन आत्मविकास से आत्मसाक्षात्कार प्राप्त करने का एक रास्ता है। इसके लिए सरश्री द्वारा एक अनूठी बोध पद्धति (System for Wisdom) का सृजन हुआ है। इस पद्धति को अन्तर्राष्ट्रीय मानक ISO 9001:2015 के आवश्यकताओं एवं निर्देशों के अनुरूप ढालकर सरल, व्यावहारिक एवं प्रभावी बनाया गया है।

इस संस्था की बोध पद्धति के विभिन्न पहलुओं (शिक्षण, निरीक्षण व गुणवत्ता) को स्वतंत्र गुणवत्ता परीक्षकों (Quality Auditors) द्वारा क्रमबद्ध तरीके से जाँचा गया। जिसके बाद इन पहलुओं को ISO 9001:2015 के अनुरूप पाकर, इस बोध पद्धति को प्रमाणित किया गया है।

फाउण्डेशन का लक्ष्य आपको नकारात्मक विचार से सकारात्मक विचार की ओर बढ़ाना है। सकारात्मक विचार से शुभ विचार यानी हॅपी थॉट्स (विधायक आनंदपूर्ण विचार) और शुभ विचार से निर्विचार की ओर बढ़ा जा सकता है। निर्विचार से ही आत्मसाक्षात्कार संभव है। शुभ विचार (Happy Thoughts) यानी यह विचार कि 'मैं हर विचार से मुक्त हो जाऊँ।' शुभ इच्छा यानी यह इच्छा कि 'मैं हर इच्छा से मुक्त हो जाऊँ।'

यदि आप ऐसा ज्ञान चाहते हैं, जो सामान्य ज्ञान के परे हो, जो हर समस्या का समाधान हो, जो सभी मान्यताओं से आपको मुक्त करे, जो आपको ईश्वर का साक्षात्कार कराए, जो आपको सत्य पर स्थापित करे तो समय आ गया है तेजज्ञान को जानने का। समय आ गया है शब्दोंवाले सामान्य ज्ञान से उठकर तेजज्ञान का अनुभव करने का।

तेजज्ञान फाउण्डेशन – परिचय

हॅपी थॉट्स
तेजज्ञान यूटयूब चैनल

'द महाआसमानी – मैजिक ऑफ अवेकनिंग'

अल्प परिचय

Self Development to Self Realization Towords Self Stabilizaion

क्या आपको उच्चतम आनंद पाने की इच्छा है? ऐसा आनंद, जो किसी कारण पर निर्भर नहीं है, जिसमें समय के साथ केवल बढ़ोतरी ही होती है? क्या आप इसी जीवन में प्रेम, विश्वास, शांति, समृद्धि और परमसंतुष्टि पाना चाहते हैं? क्या आप शारीरिक, मानसिक, सामाजिक, आर्थिक और आध्यात्मिक इन सभी स्तरों पर सफलता हासिल करना चाहते हैं? क्या आप 'मैं कौन हूँ' इस सवाल का जवाब अनुभव से जानना चाहते हैं?

यदि आपके अंदर इन सवालों के जवाब जानने और 'अंतिम सत्य' पाने की प्यास जगी है तो तेजज्ञान फाउण्डेशन द्वारा आयोजित 'महाआसमानी परम ज्ञान शिविर' में आपका स्वागत है। यह शिविर पूर्णतः सरश्री की शिक्षाओं पर आधारित है।

महाआसमानी परम ज्ञान शिविर का उद्देश्य :

इस शिविर का उद्देश्य है, विश्व का हर इंसान 'मैं कौन हूँ' इस सवाल का जवाब जानकर सर्वोच्च आनंद में स्थापित हो जाए। उसे ऐसा ज्ञान मिले, जिससे वह हर पल वर्तमान में जीने की कला प्राप्त करे। भूतकाल का बोझ और भविष्य की चिंता इन दोनों से मुक्त हो जाए। हर इंसान को जीवन में स्थाई खुशी और सही समझ मिले। साथ ही उसे समस्याओं को विलीन करने की कला आ जाए। मनुष्य जीवन का उद्देश्य पूर्ण हो। 'मैं कौन हूँ? मैं यहाँ क्यों हूँ? मोक्ष का अर्थ क्या है? क्या इसी जन्म में मोक्ष प्राप्ति संभव है?' यदि ये सवाल आपके अंदर हैं तो महाआसमानी परम ज्ञान शिविर इसका जवाब है।

महाआसमानी– अल्प परिचय

हैपी थॉट्स सरश्री (इंग्लिश) यूट्यूब चैनल

तेजज्ञान फाउण्डेशन – मुख्य शाखाएँ

पुणे (रजिस्टर्ड ऑफिस) – विक्रांत कॉम्प्लेक्स, तपोवन मंदिर के नज़दीक, पिंपरी, पुणे-४११ ०१७. फोन : 020-27411240, 27412576

मनन आश्रम – सर्वे नं. ४३, सनस नगर, नांदोशी गाँव, किरकटवाडी फाटा, तहसील- हवेली, जिला- पुणे - ४११ ०२४. फोन : 09921008060

– विश्व शांति प्रार्थना –

'पृथ्वी पर सफेद रोशनी (दिव्य शक्ति) आ रही है।
पृथ्वी से सुनहरी रोशनी (चेतना) उभर रही है।
विश्व से सारी नकारात्मकता दूर हो रही है।
सभी प्रेम, आनंद और शांति के लिए
खुल रहे हैं, खिल रहे हैं।'

यह 'सामूहिक अव्यक्तिगत प्रार्थना' तेजज्ञान फाउण्डेशन के सदस्य पिछले कई सालों से निरंतरता से कर रहे हैं। खुश लोग यह प्रार्थना कर सकते हैं और बीमार, दुःखी लोग उस वक्त एक जगह बैठकर इस प्रार्थना को ग्रहण कर स्वास्थ्य लाभ पा सकते हैं।

यदि इस वक्त आप परेशान या बीमार हैं तो रोज़ सुबह या रात 9:09 को केवल ग्रहणशील होकर इस भाव से बैठें कि 'स्वास्थ्य और शांति की सफेद रोशनी जो इस वक्त प्रार्थना में बैठे कई लोगों द्वारा नीचे पृथ्वी पर उतर रही है, वह मुझमें भी अपना कार्य कर रही है। मैं स्वस्थ और शांत हो रहा हूँ।' कुछ देर इस भाव में रहकर आप सबको धन्यवाद देकर उठें।

*** नम्र निवेदन ***

विश्व शांति के लिए लाखों लोग हर दिन सुबह और रात ९ बजकर ९ मिनट पर ऊपर दी गई प्रार्थना करते हैं। साथ ही भारतीय समय अनुसार हर दिन सुबह ६.१५, दोपहर ३.३० और रात ९.०० बजे भी यूटयूब के ज़रिए 'ध्यान प्रार्थना बीज' प्रसारित होती है। कृपया आप भी इनमें शामिल हो जाएँ।

हॅपी थॉट्स परम ज्ञान
यूट्यूब चैनल

www.ingramcontent.com/pod-product-compliance
Lightning Source LLC
Chambersburg PA
CBHW031328230926
51848CB00001B/138